读懂投资 先知未来

大咖智慧
THE GREAT WISDOM IN TRADING

成长陪跑
THE PERMANENT SUPPORTS FROM US

复合增长
COMPOUND GROWTH IN WEALTH

一站式视频学习训练平台

选股密码

拉瑞·威廉姆斯 著
陈瑞华 冯 元 译

山西出版传媒集团
山西人民出版社

图书在版编目(CIP)数据

选股密码／（美）拉瑞·威廉姆斯著；陈瑞华,冯元译.--太原：山西人民出版社,2016.6（2023.8重印）
 ISBN 978-7-203-09624-5

Ⅰ.①选… Ⅱ.①拉… ②陈… ③冯… Ⅲ.①股票投资—基本知识 Ⅳ.①F830.91

中国版本图书馆 CIP 数据核字（2016）第 122821 号
著作权合同登记号　图字：04-2015-029

选股密码

著　　者：	（美）拉瑞·威廉姆斯
译　　者：	陈瑞华　冯元
责任编辑：	孙　琳
出　版　者：	山西出版传媒集团·山西人民出版社
地　　址：	太原市建设南路 21 号
邮　　编：	030012
发行营销：	0351-4922220　4955996　4956039　4922127（传真）
天猫官网：	http://sxrmcbs.tmall.com　电话:0351-4922159
E-mail：	sxskcb@163.com　发行部
	sxskcb@126.com　总编室
网　　址：	www.sxskcb.com
经　销　者：	山西出版传媒集团·山西人民出版社
承　印　者：	廊坊市祥丰印刷有限公司
开　　本：	710mm×1000mm　1/16
印　　张：	10.5
字　　数：	156 千字
版　　次：	2016 年 6 月　第 1 版
印　　次：	2023 年 8 月　第 3 次印刷
书　　号：	ISBN 978-7-203-09624-5
定　　价：	36.00 元

如有印装质量问题请与本社联系调换

译者序

这是一个变化的中国，这是一个最好的时代。

在变化的时代中，有人欣喜，有人低落，大多因为成败。但是，每个人都必须承认，这个世界为彼此的成功提供了无限的可能性。可能性仅仅是提供了一种选项，并没有告诉你最终的答案。能否获得真正意义上的成功，取决于个人的天赋和努力。

近年来，中国的资本市场和金融衍生品市场发展日新月异。资本市场依然处于"新兴加转轨阶段"，市场制度和结构仍有很大的改进空间，风险防范和管理的调节机制尚未有效形成，市场主体发育不成熟，市场波动和投机性特征明显，资本市场的改革发展面临不小的挑战。本身作为衍生品，期货和衍生品市场注定是一个创新发展的市场，新产品将会推陈出新，新业务和新机会也将不断涌现，有效的市场治理一定会带来市场的重生和繁荣，这将是一个生机勃勃的市场。

资本市场和金融衍生品市场的发展不仅会促进市场经济的体制性转变，而且会促进经济金融风险管理方式的变革，提升规避经济风险并进行风险定价的能力。在一个充满风险变化的市场中，很难想象，没有进行风险管理的意识，没有趋利避险的能力，又怎能获得真正意义上的成功呢？因此，我们必须对这个变化的市场充满敬畏之心，同时也需要掌握驾驭市场之术。

选股密码

  为此，我特别选择并翻译拉瑞·威廉姆斯的《选股密码》、《期货交易终极指南》和《期货交易准则》。读这三本书，我们可以发现市场自身的逻辑，也能获得与市场共同发展的轻松心态。虽然这是关于交易的系列书籍，但别忘了，了解交易，就是认知市场。

  拉瑞·威廉姆斯是全球证券期货市场的传奇人物。他是一位专业的交易员、杰出的资产管理人、拥有众多拥趸的投资顾问、更是一位读者无数的投资专栏作家。

  他的传奇投资经历和投资理念获得了广泛的市场认同，他所确立的各种分析指标成为当今投资分析的重要工具，他的著述更成为无数投资者手不释卷的投资宝典。

  《选股密码》、《期货交易终极指南》和《期货交易准则》这三本书包含了拉瑞·威廉姆斯对自身投资经历的客观描述，对投资策略的高度总结，对自身缺陷的深度剖析和对资本市场的深刻理解。譬如，在他看来，交易本身不是为了刺激，不是赌博，纯粹是为了赚钱并保持财富；成功的交易者必须具备承受痛苦的能力和坚持不懈的精神，不要天真地认为存在所谓的交易技巧，而是应该建立并正确使用一套有效的交易系统；交易中的损失不可避免，关键在于如何预知风险并做好风险处置的准备；资金管理是交易的核心，没有资金管理，就谈不上什么交易；市场永远是对的，要与市场共进退。

  拉瑞·威廉姆斯之所以成为一个广受欢迎的投资经典作家，不仅在于对市场、自身、技术的深邃思想，还在于他用平实的文字，把貌似高深的市场策略娓娓道来。读者翻开他的书籍，会发现莫有的轻松和喜悦，掩上书卷却又感觉字字珠玑。这也许就是拉瑞·威廉姆斯所特有的风格吧。

  还是要提醒一下，拉瑞所描述的投资时代已经过去，当今的资本市场和金融衍生品市场正在不断深化，交易理论和交易技术都在空前发展，但

译者序

其核心理念和某些交易策略依旧适用于当前这个不断变化的市场，并能为每一个读者提供机会，让我们更深刻地剖析自己，思考市场，展望未来。

拉瑞·威廉姆斯的真知灼见，难免会对译者产生巨大的心理压力，唯恐无法准确地表达其思想和意见。尽管如此，我与冯元、李婷婷和贾秋翌全力合作，分别为大家呈献这三本著译作。翻译中的偏颇和错误在所难免，欢迎大家通过电子邮箱（chenruihua@gmail.com）批评指正。

陈瑞华
2014 年 8 月
于南开大学西南村

前　言

修订 15 年前写的一本书，对作者来说真是一个挑战。

真正的挑战是我一直试着修订原版中的一些内容，但经过反复阅读，发现本书并不需要重新修订。

正如本书在 1969 年刚完成时一样，书中讨论的工具、技巧、指标、策略现在依然有效。

对第一次阅读《选股密码》的人，我想强调两点。

第一，书中的指标经历了时间的考验

我接到过一些人的来信或电话，他们就简单地利用书中讨论的建仓与派发的技巧获得了利润。或许，写这本书让我得到的最激动人心的回复，莫过于一位在南太平洋度假的律师寄给我的明信片，上面简单地写道："拉瑞，按照你书中的指标，尤其是建仓与派发的技巧，我们获得了丰厚的利润，我和我的妻子才能有此次旅行，我们很喜欢这里的阳光，也非常感谢你。"

现在市场上主要的咨询公司所做的许多技术性工作都是本书内容的延续，除了历史的原因外，没有什么其他原因促使我对原著进行修改。这本书就是许多市场技巧的源泉。

这些指标依然像原来一样发挥作用。正如他们所说，既然没有坏，为什么要修理它呢？

或许本书最长远的价值来自于其在 39 年的模式下所做出的重要预测，因此我相信我已经能够分析出一些重要的市场转折点。

请注意，本书问世 15 年以来已经历过多次的经济危机、股市崩盘和悲观的承办商关于世界会变得多么糟糕的各种争论。事实上，世界经济所发

选股密码

生的变化基本上符合本书所做的预测。

研究一下本书中所做的预测你就会了解世界经济发展路线图，清楚在未来很长一段时间里世界经济和股票市场将走向何方。

是的，股票市场会发生严重崩盘。但关键问题不是知道这会发生，而是知道什么时候发生。答案就在这本书中。

我自己的交易风格越来越稳健，这与我见到的很多交易者十分吻合。我们先在股票市场初试牛刀，然后转入商品期货交易。我现在绝大多数的交易经验是在商品期货交易方面，因为商品期货更容易买卖，尤其是股票的贴现率太低了。然而有趣的是，我进行商品期货交易的工具即使不是书中所讨论的工具，也是非常相似的。

市场就是我的生命。它充满美好，我希望对你们也是如此。

拉瑞·威廉姆斯

目　录

第一章　我的百万美元股市理念 ·················· 1
　　我的百万美元股市理念 ····················· 3
　　选择优于市场表现的股票 ···················· 3
　　我对图表的理解 ························ 5
　　我对移动平均线的理解 ····················· 7
　　我对基本方面的理解 ····················· 10
　　我是如何发现百万美元理念的 ················· 12

第二章　我选择最优股票的第一个工具 ·············· 15
　　分辨建仓与派发的两种方法 ·················· 17
　　发现专业投资者 ······················· 18
　　相对强弱，跟踪所有股票的秘密 ················ 19
　　一切都具有模式——尤其是建仓 ················ 20
　　如何使用股价图 ······················· 20
　　建仓模式 ·························· 20
　　一些要点 ·························· 23
　　派发模式 ·························· 23
　　使用模式的最佳方法 ····················· 26
　　几点补充 ·························· 27

第三章　我选股的第二个工具 ……………………………… 29

  我选股的第二个工具 ………………………………………… 31
  如何跟踪日供求量 …………………………………………… 33
  最重要的是跟踪每天的供求关系 …………………………… 33
  打破一些先入为主的观念 …………………………………… 34
  现在我们知道谁是赢家，但在多大程度上是赢家呢？ …… 35
  分析成交量 …………………………………………………… 35
  如何判断何时专业投资者控制了股票 ……………………… 36
  进一步的说明 ………………………………………………… 37

第四章　如何利用建仓或派发公式获利 …………………… 39

  如何利用建仓或派发公式获利 ……………………………… 42
  以下就是我的百万美元公式 ………………………………… 43
  为什么使用成交量？ ………………………………………… 43
  如何构建专业投资活动的流线 ……………………………… 44
  一些节省时间的建议 ………………………………………… 45
  如何发现基本的买入信号 …………………………………… 46
  买入信号意味着什么 ………………………………………… 46
  什么是基本的买入信号 ……………………………………… 47
  如何识别最强有力的买入信号 ……………………………… 48
  如何发现基本的卖出信号 …………………………………… 49
  卖出信号意味着什么 ………………………………………… 50
  如何识别最强有力的卖出信号 ……………………………… 50
  直接的获利信号 ……………………………………………… 51
  利用中国文化 ………………………………………………… 52

第五章　是否应该跟踪短中期趋势并如何跟踪 …………… 57

  是否应该跟踪短中期趋势并如何跟踪 ……………………… 59

目 录

　　如何预测短期趋势 …………………………………… 60
　　我最喜欢的短期指标 ………………………………… 60
　　如何分辨股市到达一个短期的超买/超卖点 ……… 61
　　何时采取行动 ………………………………………… 65
　　关于动量指标的解释 ………………………………… 65
　　如何预测中期走势 …………………………………… 66
　　我最喜欢的中期指标 ………………………………… 66
　　市场将走向何方？只有"走势"知道 ……………… 67
　　阴阳逆转 ……………………………………………… 68
　　最后一个中期指标 …………………………………… 68

第六章　如何利用周期循环提高选股时机 …………… 71
　　如何利用周期循环提高选股时机 …………………… 73
　　识别个股交易模式的秘诀 …………………………… 73
　　识别形态 ……………………………………………… 75
　　如何使用这些信息 …………………………………… 76
　　衡量周期循环的动量指标 …………………………… 76
　　周期循环与准确的时机选择 ………………………… 78
　　政治与股市 …………………………………………… 79

第七章　你必须知道的长期市场时机选择 …………… 81
　　你必须知道的长期市场选择 ………………………… 83
　　如何识别卖出顶点 …………………………………… 83

第八章　如何综合运用市场时机和选股策略 ………… 103
　　如何综合利用市场时机与选股策略 ………………… 105
　　股市投资要有工具 …………………………………… 105
　　获利的秘密 …………………………………………… 105

关于你的情感问题 ·· 106
如何识别时机是否正确 ·· 107
随后需要做的所有事情 ·· 108
如何避免在过高或过低价位买入 ···································· 108
我私人的核对表 ·· 109
如何培养耐心或者我的损失就是你的收益 ···························· 110
如何避免等待时间过长 ·· 110
我等待的两点 ·· 111

第九章 如何判断卖出时机 ·· 113

如何判断卖出时机 ·· 115
卖出警报 ·· 115
哪天是最好的卖出日？ ·· 116
如何避免卖出太晚或太早 ·· 118

第十章 如何开始使用我的方法 ······································ 121

如何开始使用我的方法 ·· 123
从做这些开始 ·· 123
到哪里获取你需要的信息 ·· 124
谁会帮你？ ·· 126
如何更好地利用自己的经纪人 ······································ 126
如何才能支付给经纪商更少的佣金 ·································· 127
跟踪什么样的股票 ·· 128
如何从图表中发现长期增长型股票 ·································· 129
选择跟踪股票的特殊秘密 ·· 130
何时进行第一次交易 ·· 131
导致股市损失的五个常见原因 ······································ 131

目 录

第十一章 如何开始在股市中赚钱——明天上午 ············ 135

- 如何开始在股市中赚钱——明天上午 ············ 137
- 要跟踪的股票 ············ 137
- 了解专业投资者的行为 ············ 138
- 如何评估你的交易 ············ 139
- 如何处理利润 ············ 140
- 我的最后一点建议 ············ 141

第十二章 无价的交易提示 ············ 143

- 无价的交易提示 ············ 145
- 如何取得最佳投资效果 ············ 145
- 什么时候开盘即买 ············ 145
- 何时使用市价指令 ············ 146
- 何时不能开盘即买 ············ 146
- 如何使用止损点以及何时使用止损点 ············ 147
- 关于心理止损点 ············ 148
- 如何预测市场日常走势 ············ 149
- 如何利用三小时周期循环 ············ 150

第一章　我的百万美元股市理念

我的百万美元股市理念

1971年秋天，一阵寒风吹过华尔街。尼克松总统宣布工资和价格监控方案之后，股市大幅回升，上涨100点，然而突然之间股市转而开始大幅下跌，情况很不乐观。道琼斯工业平均指数刚刚跌破支持价位，随后又创新低。很多分析家称市场已开始进入熊市。

我不这样认为，因为我持有的少数几个选股指标释放出股市上涨的信号。反思一下，我确定我的情绪也像其他人一样受到了这次股市创出新低的影响。事情看起来很糟糕，我心里也像压着一块大石头。但是当我转身看一下我的选股指标时（这些指标我会在后面几章谈到），我注意到这些指标处于一个非常明显的看涨区。这些指数传递出的信息非常明确：告诉我们去买股票。我就照样做了。

选择优于市场表现的股票

短短几天内，股票市场开始了多年来最强劲的上涨。股市以22%的速度大幅上涨，从800点迅速上涨至960点，就在不久前，我用自己的账户购买了4只股票。

在接下来6个月的时间里，我购买的这4只股票价值净增长超过52%，而其他一般的普通股只增长了22%。如果有人也像我一样在11月的最低点购买并持有了同样数量的这4只股票，他将在5个半月后获得308 000万美元的收益。

给出这些事实，我只是想表明，为什么我相信我选择的股票是有价值的，并且来证实一些我将要和大家讨论的事情。

如果说预测重要的市场拐点需要一点运气的话，至少你应该购买与道琼斯工业平均指数有相同比例浮动的股票。然而，当你想到我所选择的4只股票的投资组合的收益几乎高出道琼斯指数的3倍时，你就会看到这个选股方法的预测价值。

选股密码

除了这些以外，当时我还做股票市场评论，当然，根据在11月上旬发出的买入信号，我向投资者做了详细的推荐，同样，几天后股市达到了新低点。

那时，我们推荐的是75美元买进联邦国民贷款公司的股票；38美元买进阿拉伯货币基金公司的股票。列维兹的推荐买入价格是80美元，北美抵押贷款公司35美元、麦当劳61美元、匹克威克37美元、欣特克斯66美元、伯勒斯131美元、美国国际商用机器公司292美元。在11月16日，我们还推荐以45美元购买莱纳房产公司的股票；57美元购买黄松系统公司的股票；44美元购买美国研究与开发公司的股票；104美元购买迪斯尼公司的股票；90美元购买宝丽来公司的股票。从我们推荐的价位可以看出，当时我们确实处在看涨的市场中。

5个月后，这个由特别挑选的股票组成的投资组合带来非常大的收益。黄松系统公司的股票一股拆分成两股，调整后的售价为118美元，上涨61美元。欣特克斯股票售价为115美元，上涨49美元。美国研究与开发公司股票售价为70美元，上涨26美元。迪斯尼165美元，上涨61美元。宝丽来132美元，上涨42美元。联邦国民贷款公司股票分割后的调整价格高达108美元，后来售价为97美元，仍上涨21美元。阿拉伯货币基金公司股票售价为66美元，上涨28美元。列维兹股票曾高达162美元，后来售价为135美元，上涨55美元。北美抵押贷款公司售价为34美元，下跌1美元，麦当劳102美元，上涨41美元，匹克威克48美元，上涨11美元，伯勒斯175美元，上涨44美元；美国国际商用机器公司售价为395美元，竟然上涨了103美元。唯一出现明显亏损的是莱纳房产公司的股票，售价为36美元，下跌9美元。这个投资组合的初始价值为每股115.5美元，5个半月后每股价值上升至168.8美元，增长了46.1%。需要注意的是在这段时期内，无论用任何流行的平均指数来衡量，股市不过是上涨了20%左右，而我们特别挑选股票的表现却高于市场平均水平两倍之多。

我相信这是证明股票选择方法有效性的确凿证据，也是你需要学习的内容，不需要特殊的技巧，却能让你在无论是长期还是短期的股票市场获利。至于我的收益，即之前提到过的30.8万美元的利润，这不是一个随机事件，不是由于我的运气好或长得帅。

要想在股市中赚钱绝不是一件简单的事情，读者不要被上述内容迷惑，认为华尔街是通向一夜暴富的捷径。就像任何有价值的东西一样，股市也需要辛勤专注的工作才能成功。但是，我要指出的是，我自己购买的股票以及我在咨询公司工作时向公众推荐的股票都能持续盈利，这些推荐内容时常发表在《威廉姆斯报告》中。

为什么说预测至关重要——我通常能够预测市场拐点以及个股，这些都是对市场大量学习和研究的结果。刚开始的时候，我只是试着利用别人所谓的成功方法来预测。

当谈到在股市中获利，我并不感到骄傲……我会尝试各种折中的逻辑方法在交易中获利。这意味着我已经读过了所有关于原理、方法和技巧的书目。事实上，我甚至还做了一点有关股票市场与占星术之间关系的有趣研究。

不久前我才意识到，能够获利的选股方法必须能够预测未来。

这句简单的话就是理解股票市场的金钥匙。如果一个指数或方法非常有效，这是因为它具有预测未来的能力。在检验各种各样的市场理论时，我的第一想法就是去研究该方法的基础，看一下这些原始数据是否具有预测未来的意义，如果没有，那么这种方法便是无效的。在探索通向股市成功之门的路上，我研究了许许多多不同的方法。我想和大家分享一些关于股市交易和投资的更为常见的方法，希望能够帮助大家在股市中获利。

我对图表的理解

任何股市参与者，无论是交易者还是投资者，在他生命的某些时刻总会看一些图表，读一些关于如何获利的书籍。然而我发现走向财富之路的只有这些书的作者。经过我一生的尝试，我没有发现完全有效的图表、公式或是其他存在于图表上的神秘的预测元素。

今天我的邮箱收到一则广告，它来自于一家很受欢迎的图表分析服务商。广告中心的宣传内容是说图表能够帮助交易者和投资者获利，因为图表是股票交易的自然表现，它们给出了所有的供求因素，反映了内部购买与售卖，灵活资金的建仓与派发，公开之前的重大新闻——事实上，图表包括了所有人所做和所知道的一切。

这是图表阵营的普遍观点。它们认为图表通过各种形式和结构反映了真实的供求关系，因此具有预测价值。关于图表的书很多，并且图表的形式几乎和股票的种类一样多。但是，一般来讲，图表分析专家只依赖少数几种基本的图表形式。

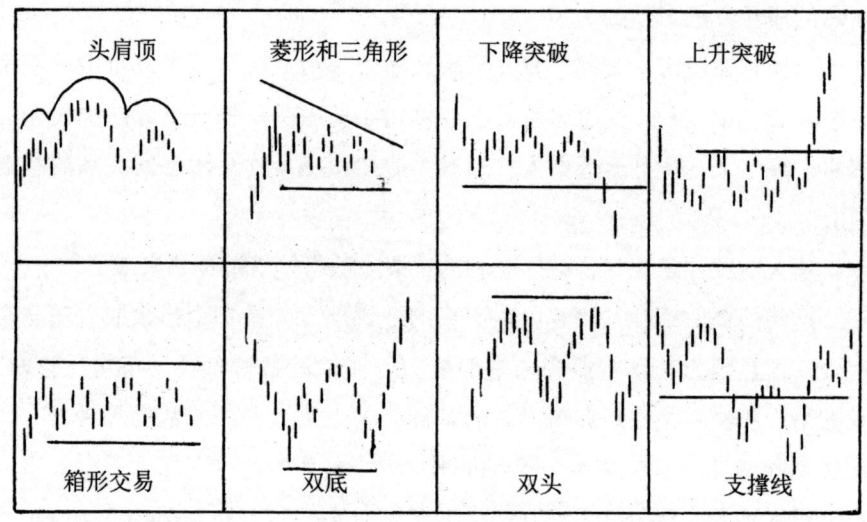

图1

图1展示了几种比较基本的图形形式，如头肩形、箱形、菱形和三角形。你会发现所有关于股票市场图表分析的书籍里都有关于上述图形的阐释。

需要注意的是，图表是建立在一种假设之上的，即图表必须准确描绘供求之间的关系。这样就可以根据图表对牛市和熊市供求关系的发展进行判断。如果是这样，图表就能够重现和预测未来的股票市场或股票行为，那么图表绝对是一个绝佳的市场分析概念。

对于这些所谓的图表分析专家，我始终有两点疑问。第一，我不知道哪些图表分析专家确实非常富有，或在股市上做得特别好。引用经济学家保罗·萨缪尔森的话说："他们穷得只能穿有洞的鞋子。"说句实在话，在股市里我认识成千上万的人，却没有发现一个获利的图表分析专家。

更重要的是，当我注意到一些其他活动的图表时，如纽约的降雨量图，洛杉矶的交通事故死亡人数统计图，加拿大猞猁繁殖率图等，这些图表竟然也表现出了所谓的供求关系。这些是难以置信的。当把一系列毫无供求关系的数字编成图表时（当然我们不能否认洛杉矶的人口死亡数量存在供求关系），竟然也出现了同样的头肩形、扇形、楔形，那看起来像是个买入信号。

本没有供求关系的现象持续不断地重现同样的供求模式，这一定给试图证实图表具有预测功能的图表分析专家浇了一盆冷水。

我想，在未来的很多年里，有关图表有用性的讨论还将继续。甚至会有一些幸运的图表分析专家把他们的幸运归功于图表，然后写一本关于的图表方法的书或做一番市场评论。但是，只要同样的图表模式依然出现在降雨量统计表和交通事故死亡数据统计表里，我就依然不相信图表，我希望你们也像我一样。

我对移动平均线的理解

我其中的一个尝试就是利用移动平均线在股市上大赚一笔。几个作者和市场评论家都推荐我规范地使用移动平均线。我决定试一下他们的方法。

移动平均线就是一组数字的简单平均。唯一的不同就是，随着我们每天都向平均数里加入新一天的信息，并减去最早一天的数据或信息，移动平均线会不断变化，我们就是这样来计算移动平均线的。因此，计算20天的平均线，我们就把过去20天的收盘数据加起来，然后除以20。为了说明得到移动平均线的过程，我们要等到第21天收盘，把这个收盘的数据加入到我们的总和，剔除21天前的数据然后除以20。

像其他算术平均值一样，移动平均线的结果代表了对原始数据的平滑处理。看一下图2，你就能更好地感受和理解移动平均线，这要比我说上一万句还强。

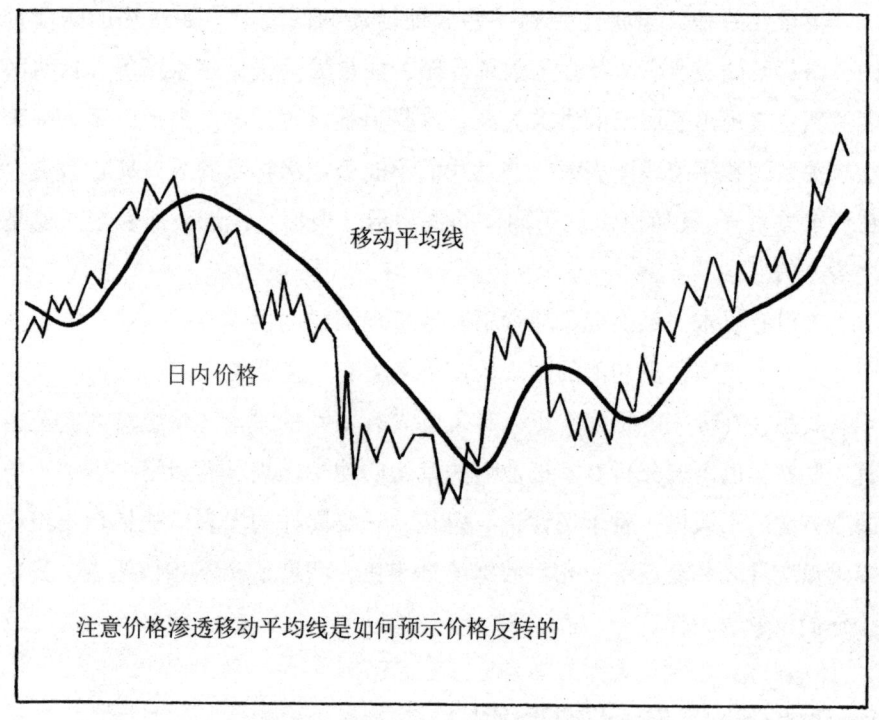

图2　日收盘价及移动平均线

　　你会很快注意到移动平均线就像一条趋势线或是对原始数据的阻力或支撑。并且，当原始数据高于移动平均线时，移动平均线会继续走高，反之，移动平均线会反转下降，并且原始数据会跌得更低。

　　一般的移动平均方法都建立在对移动平均线突破基础之上。因此，如果一只股票的价格超过其10周以来的移动平均线，那么它就给出了买入的信号，相反，如果一只股票的价格低出其10周以来的移动平均线，就产生了卖出的信号。从理论上并且对于一些股票来说，这种方法是绝对有效的。

　　但有趣的是，尽管我非常努力地试用移动平均线，却没有获利。我感到非常困惑，于是我又重读了该理论的规则，但是我的投资还是以失败告终。最后，我突然明白了……当它有效的时候确实管用……当它无效的时候就没有什么用了。

此外，移动平均线法的支持者们都是选择过去表现最好的股票来证实他们的观点，却从来不愿提及对此方法不奏效的股票。他们也不愿意用它来预测未来股市。他们所做的就是，找到一两只波动比较大的股票，然后把移动平均线移到该趋势图上，从而可以捕捉到大部分的波动。有些股票没有大的波动，只在很狭小的波动范围内交易，移动平均线在这种情况下就不能应用，因为应用于这些情况通常会导致损失。

大多数的移动平均线都是以10周为基础的。那么，依然存在一个重大的问题，那就是移动平均线是否有效，如果有效，在多大程度上有效？

最近，《金融分析师杂志》上有多篇文章讨论各种更长期的移动平均数。其中一项研究随机抽取了1960年—1966年间纽约证券交易所的30只股票，分别测试这些股票100天、150天和200天的移动平均数。当股价完全超过移动平均线，或当股价在很大比例上渗透移动平均线——超过或低于移动平均线本身时就会产生买卖的信号。

研究表明，使用无渗透的100天移动平均线导致57%的资本损失；使用200天的移动平均线导致原始资本损失34%。无论是使用无渗透的100天、150天、200天的移动平均线或是使用带有2%、5%、10%、或15%渗透的移动平均线，投资者都将在这六年里遭受损失。

为了能够找到一种能够获利的交易方法，1969年的6月，我进行了一个实验。我选取了10只股票，研究它们在450个交易日里的短期移动平均线，即3天、4天、5天、7天和10天的移动平均线，渗透率分别为-3%、-1%、+1%和+3%。

即使使用当时世界上最先进的计算机对已经完成的交易进行实验，我依然没有能够找到一种依靠移动平均线法获利的交易策略。

使用移动平均线的三种新方法——如果移动平均法真像上述数据试验证明的那样几乎没有什么价值，那么它是否还有其他的使用方法呢？我想答案是肯定的。

根据我的观点，共有三种使用移动平均线的方法。第一种方法，简单观察移动平均线的走势，只要移动平均线的走势是向上的，我们就假定股价会上升。反之亦然。换句话说，当移动平均线的走势是向上的，就进行多头交易。当移动平均线的走势向下时，再进行空头交易。

第二种方法，观察价格本身对移动平均线的突破。初次看到可能觉得矛盾，因为我已经说过这种突破不能产生可靠的信号。

我的建议是如果并且只要是移动平均线产生的信号与其他技术分析或基本的标准相符时，就可以根据移动平均线来进行买卖。换句话说，一旦你根据其他因素确定该股票是处在牛市还是熊市，就能够根据移动平均线发出的信号来操作了。简言之，你需要除去移动平均线发出的错误信号，即设定一套标准，只有当这些标准都已经满足时，才能根据移动平均线的信号来操作。事实上，移动平均线发出的信号是进行买卖的最终指示，因为它只是简单地表明股价走势已经发生了逆转。

第三种方法，使用移动平均线来测量股票的走势或周期性调和函数。这是一个涉及广泛的话题，在后面将进行详细讨论。

我对基本方面的理解

按理说，如果一家公司的股票处于牛市，那么它的股票价格应该会大幅上涨。但唯一的问题是，在一定的时间里对特定的公司、行业或市场情况，如何分辨它们的基本面是处于牛市还是熊市。或者说，它看起来像是处于牛市或熊市。

一些基本面最强劲的股票没有上涨，甚至还下降了，而有一些基本面处于熊市的股票价值却增长了两三倍。

几年前，华尔街上有一支热门小股票叫做四季。很多人都知道从基本面上来看这是一个卖空交易。但是基本面并没有阻止这只股票从20美元暴涨至100美元！大约经历了两年的大幅增长，公司的基本面越来越好，但这时公司却申请了破产。在这期间，基本面分析家在20美元、30美元、50美元、60美元、70美元的时候就卖空了股票，这让他们备受打击，他

第一章 我的百万美元股市理念

们"太急于"让公司破产了。

通用汽车也是一个可供研究的好案例。从长期来看,通用的基本面必定不差。但是,自从 1965 年通用股价达到最高点后就再也没有实质性的上升。一次又一次,很多基本面处于牛市的股票股价却大幅下跌,而一些基本面处于熊市的股票股价却飞上了天。

如何分辨股票的基本面是否健康——在我所有的研究中,我发现只有两项测量基础价值的可靠措施。一项是股票收益,另一项是公司成长率。

查看收益——第一也是最重要的基础数据就是该股票的收益。一般来说,低收益看跌,高收益看涨。但对一些股票,什么才是低收益呢?最好是查看该股票 10~20 年来的历史记录获得数据。你会很快发现,毫无例外几乎所有主要股价的高点都与低收益出现在同时,并且这种低收益通常等于股价高点。

同样,所有的股价低点通常都是与股票高收益出现在同时,并且股票的收益与股价低点的数值大致处于相同的水平。因此,根据每只股票的历史记录,我们可以得出其被高估或低估的水平。

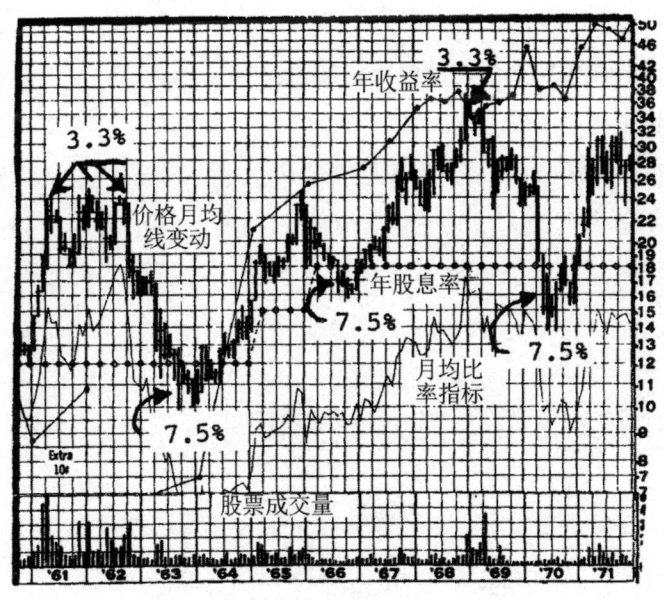

图 3　麦克罗里公司股票走势图

图 3 就是一个这样的例子。从表中可以看出，正如评估的一样，股价点高，收益就低。

那么股价处于底部时呢？正好相反，股价处于底部时就是高收益时期，并且所有股价低点都具有同样的低估水平和高收益水平。

历史收益低的股票应选择卖空，高收益的股票应选择买入。

要记住一点，一只股票（如美国国际商用机器公司股票）的高收益或低收益与另外一只股票（如美国通用公司股票）的高收益或低收益无关。股票的收益高低只与自身的历史数据有关。

如何判断一个公司的成长率——有很多好的方法来衡量公司的基本成长率。其中最典型的就是市盈率，还有一些人通过看净销售额来衡量公司的成长率。所有这些方法，在一定程度上能够对我们有所帮助，但在股票比较方面却不能给我们提供足够的数据。

资金偿还期限公式可以解决这一问题。

这个简单的公式就是，根据每只股票的收益，加上公司的当前增长率，计算达到当前股票价格需要多少年。比如说，一只股票每股收益为 1.5 美元，公司年增长率为 20%，当前的价格为 30 美元，那么需要 16 年的复合收益，才能等同于当前的股票市场价值。

我们再以另外一只股票为例。假设每只股票的收益为 1 美元，年增长率为 15%，当前的市场价为每股 3 美元。就年增长率来说，这只股票看起来并不适合购买。但是它的偿还期限只有 9 年！这样看起来，它就是一个不错的选择了。股票的偿还期限越短，就能确定该股票的基本面越好。

我是如何发现百万美元理念的

你可以看出我花费了大量的资金和精力来研究股市，试图发现它的奥秘。当我研究图表、移动平均线、点数图和基本面时，我脑海里一直萦绕着一个观点：所有的这些东西本身并不能决定价格的涨跌。

第一章 我的百万美元股市理念

无论一只股票在技术分析上如何看涨，无论它的增长率和收益额是多么高，这些都不能或不能保证影响价格。

这让我突然想到唯一能够决定股价上涨的就是买卖双方的不平衡。就这么简单。当买家多于卖家时，股价就上涨。相反，当卖家多于买家时，股价就会下跌，无论基本面是好是坏。

这个概念听起来非常简单，但我研究了几年才成功找出打破买家与卖家关系，以及分辨专业买进与业余买进的有效方法。

当意识到是买家与卖家的不平衡在影响股价时，我开始研究股市里各种购买人群，如老投机商、专业投资者、场内交易员等。

通过这个过程，我发现了一种将任意一只股票的每天买卖活动分解为当天买入量和卖出量的可靠方法。这种方法实际上是一个准确的公式，该公式能够告诉我每天收盘时买卖双方的交易量。从这些数字出发，我就开始了对供求关系的研究。

我还发现一种图表形式来表明某只股票是否处于专业建仓或派发状态。这种图表非常简单，跟传统的已知图表形式没有任何关系。这种比较性的图式生动地告诉我们哪些股票买入量处于"强手"，哪些股票处于专业的卖出和"弱手"。

上周我赢得13点——首先，我要告诉你分析建仓和派发的二阶段法并不是万无一失的。但总体上来说，这种方法几乎没有失误，效果还是很神奇的。

就在上周，尽管股票市场在急剧下跌，但是我的数据显示，麦当劳公司的股票正处于建仓阶段，股价将要攀升。我以每股49.75美元的价格购买了1000股，尽管市场疲软，但是所有的指标都显示股价看涨。

正如我所写的这样，7个市场交易日后，麦当劳的股价从我购买时的49.75美元上涨到62美元，上涨13美元。我的百万美元理念的中心原则就是：当买方多于卖方时，股价上扬；卖方多于买方时，股价下跌。

我通过两种有效的统计方法来分析供求现象，并以此来识别专业的建仓和派发。具体的公式和图表形式稍后提供给大家，但你首先要明白供求关系对于预测股票价格的重要性。

第二章　我选择最优股票的第一个工具

第二章 我选择最优股票的第一个工具

分辨建仓与派发的两种方法

正如我所说，唯一能推动股价上涨的因素就是买方占多数。相反，唯一能够拉低股票价格的就是卖方占多数。

我对建仓和派发的研究始于一位老经纪人在股票行情室里一句随意的评论。那时，我试图弄明白每个股市行情。我把所有的交易时间都花在研究股价走势图上，但进展不大，当然也没有读懂市场行情。

这间特别的行情室里有一位癫狂的老妇人，她总是说要买进或卖出股票，但从来没有做过。她一定是错过了那一天或那一点的幸运之船，没有成为大赢家。至少她是这么说的，我也相信她。她是很不幸的。

一天，她一直宣称自己跟踪的一只股票走势多么强劲，却忽然开始大幅下跌。短短几分钟内，该股票就下跌了 3 美元。到当天收盘时，股价已经下跌了 5 美元。第二天，该女士依然不轻松，虽然股市在反弹，但她的股票却继续下跌。

损失的巨大压力让她几乎失控，她大声地喊道，当然不是针对任何人，"为什么这只股票会下跌？"

我坐在后排的老朋友，大声地回答道，他知道为什么这么热的股票会下跌。

对于这位女士来说，这太难以承受了。她急忙跑到后排找到我朋友，询问到底是什么导致了这只股票暴跌。很明显，她有些怪我朋友没有早点告诉她。然而，当有人要告诉她这个秘密的时候，她却变得更生气了。

这位老经纪人，我叫他唐，已经做经纪人好多年了。他经历过股市崩盘（这是很多经纪人所不曾经历过的），这让他对股民和股市有了大量深入的了解。在行情室里的所有人中，他是仅有的一位超级大户，这让他成为我们行业中名副其实的领袖。

唐终于憋不住了，他靠在椅子上，大声说道："傻瓜都能看出来为什么股价会暴跌……卖家比买家多啦！"

每一个人都嚷了起来。唐又"欺骗"了其他的交易者。但是，这位女士并不觉得好笑，她坚持想知道他是怎么知道什么时候卖家比买家多的，对此唐没有回答。

我刚叙述的小插曲是我事业的转折点。多年来，我试用了许多股票选择和时机选择的方法。但是，没有一种方法能够分析辨别股票买卖的数量。他们一定是建立在某种东西之上……这种东西可能时时都在影响着股票价格，但是起预测作用的因素却不可能时时都有。

唐的话一针见血。确实，股价的波动就是在于买家与卖家数量的不平衡。我需要做的就是，找到一种衡量这些组成部分的方法。我不会再用种种的技术来消磨时间，我只介绍一下我所发现的并感觉最好的两种分辨专业建仓和派发的方法。我的第一项研究表明，股市中有很多种类型的买家和卖家，但只有少部分，我命名为"专业投资者"才值得跟踪。

发现专业投资者

股市有个非常古老的问题，即使是禅宗佛教所有的大师冥想再长时间也可能参悟不透，当然和尚可能通常参悟一些没有答案的问题。但是，想象一下，"有一个买家就有一个卖家。因此，买和卖总是相等的，那么股价又怎么会有变化呢？"如果把股市中这个最难的问题交给他们，结果会怎样呢？我不是禅宗的人，但我相信我也会被这个独一无二的供求关系搞糊涂。经过我的研究，在去除许许多多的困惑之后，我很快发现这一对一的关系对价格没有什么影响。相反，我认识到更重要的是在什么时间，以什么价位买家愿意买进或卖家卖出股票。这才是供求秘密的部分所在。

举一个具体的例子可能有助于理解。1971年春天，我推荐购买博士伦公司股票，当时该股票为50美元，正处于建仓阶段。后来升至150美元，获利100美元。然后在150~180美元的时候，又有一些买家开始买进该股票，但他们不是专业投资者，只是一些盲目的跟风投资。这很明显，因为此时该股票价值已经翻了两倍。那些专业投资者，真正聪明的人，他们是在30~60美元的时候就已经买进，他们才是获利最多的人，最明智的投资者。

我们还推荐在180~190美元时卖出博士伦股票，果然不出所料，该股票很快下跌至60美元的水平，跟我们估计的下降趋势也相符．那些在180美元买进的都是非专业人士。

我努力想指出的重点是，在分析买卖关系中你需要考虑两点：

1. 股票的曾经价位；
2. 股价的走势方向。

关于买卖，需要注意非常重要的一点就是市场上在发生什么。那些在股市下跌时积极建仓的投资者和交易商真的非常勇敢。从成交量趋势上来看，在股市下跌时正常的做法是停止买进。随着股市进一步走低，日成交量会继续减少。

因此，当我们发现即使在股市下跌时依然有人买进时，我们得到的信号是有人知道他在干什么，我们应该尽可能地跟随这种有先知的交易者来买进。

相对强弱，跟踪所有股票的秘密

对于我能够跟踪所有交易的股票，并且能够立刻分辨出该股票是在建仓还是在派发，许多人感到很惊奇。其实这没有什么，只要你理解了前面所讲的内容，就可以做到这一点。

要发现专业的建仓，我们只需要在疲弱的股市里找到一个稳定坚决的买进力量。当找到后，我们就知道专业的买进即建仓正在进行。

在强劲的市场里，如果出现了持续坚决的卖出行为，这就是专业的卖出即派发行为。也就是说，当股市上扬的时候，卖出的压力进入这只股票，我们敢确定一定是有专业的、获得消息的投资者在抛售股票。

买和卖的作用最容易在个股的价格趋势中看出来。当然还有其他调整和分析建仓和派发的方法，但你必须记住的是买和卖的作用将首先在它们的价格中表现出来。

一切都具有模式——尤其是建仓

在股票价格中,最先注意到建仓派发的信号,能够帮助我们领先一步。现在我们可以专心利用简单的股票图,从模式的角度来分辨建仓和派发行为。

很多接受我咨询服务的投资者都知道,我对图形和传统的图表信号并不太在行。事实上,在很多方面,我认为图表分析专家"不知道自己在干什么"。但这并不能否定图表有好的用途。

如何使用股价图

记住,我们的目的在于找出专业的建仓和派发行为。我们已经说明了最好的方法就是找出一个股价不同于整个股票市场的个股。这很容易操作,取一个流行的平均指数走势图,如道琼斯工业平均指数、纽约证券交易所综合指数或者标准普尔500指数等,然后与个股价格走势图相比较即可。

通过比较个股与整个股市的走势(用广义市场平均指数表示),立刻你就能得到直观的分析结果。

为进一步简化这种评估技术,我发明了一种新的模式,叫做建仓和派发模式。根据这种模式,你只需要记录市场平均指数和任意股票的价格行为,看是否出现建仓行为。如果表现出建仓模式,该股票就具有购买的潜力。如果表现出派发模式,该股票就适宜卖空。

建仓模式

要发现建仓模式,我们要找到股市本身与我们要分析的股票之间的看涨背离。看涨背离最常见于市场受到卖出压力急剧下跌且不受此影响的股票。另一种分辨看涨背离的方法就是,一只股票表现出建仓行为,并不符合股市下跌的趋势。即这只股票在股市下跌趋势中下跌较慢,而在股市上扬趋势中强势上涨。

这些可在图4中很容易看出来。从1969年夏天电报公司的例子中可以看出,道琼斯工业平均指数不断下跌,并不断创下新低。

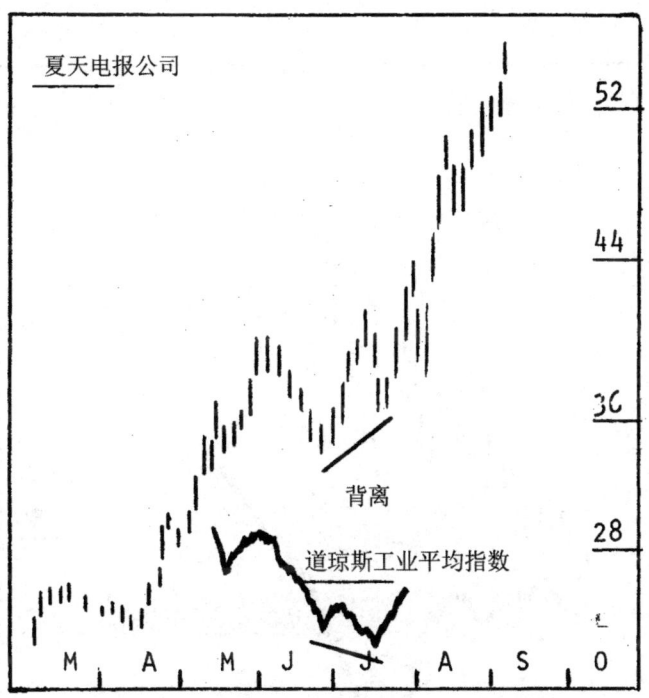

图4 夏天电报公司股票与道琼斯工业平均指数走势

但是,电报公司的股价非但没有降到新低,实际当股市下降到相应的低点时,它却上升突破了中期低点。这是一个非常强烈的建仓信号!值得好好研究。

尽管市场疲软,这只股票的持有者却没有惊慌。即使股市急剧下跌他们依然持有这些股票,因此可以看出这些人拥有特殊的知识。市场下跌并没有影响他们,因为他们知道未来股价必然上涨。

此外,一些新的买家也愿意买进这只股票,这也有助于保持其价格走势。简而言之，当几乎所有的股票都在下跌时，总有那么一些人，在某个地方，坚定地相信某只股票会上涨，愿意买进，不管整个股市状况如何。

我们还想要什么呢？现有的股票持有者拒绝卖出，而市场的疲软之风很快被新的买家冲散。正如他们所说，这只股票处于强手之中。这也说明该股票处于专业的建仓之中。

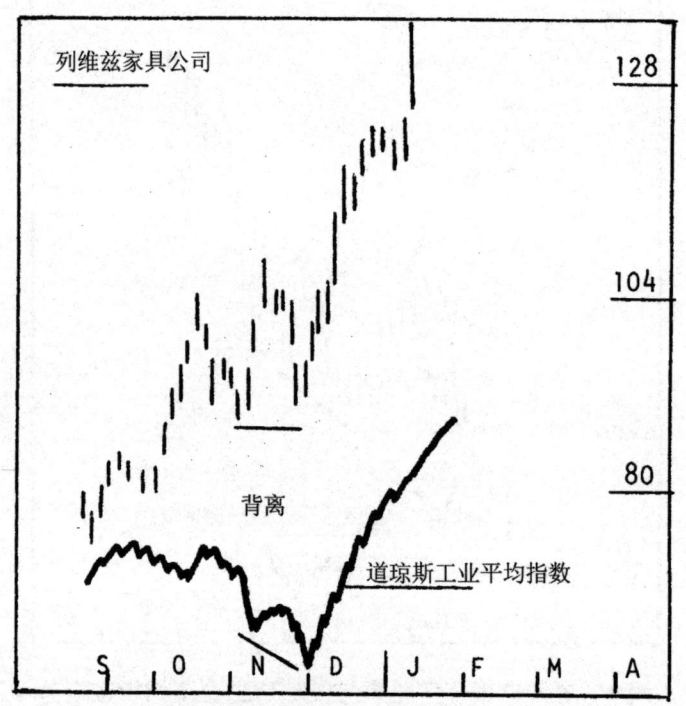

图5　列维兹家具公司股票与道琼斯工业平均指数走势

图5中列维兹家具公司的股票与道琼斯工业平均指数的比较是另一个关于建仓的好例子。我们看到股市跌到新低。但这次不同，我们看到的不只是个股保持自己的股价，就像电报公司那样。相反，列维兹不仅仅保持住了股价，而且在每一轮的市场走势中都不断提高最高点和最低点。

让我们再来分析一下这个情况。当股市不断下跌到新低，熊市却不能降低列维兹的股价。为什么？这是一个很重要的问题。

第二章　我选择最优股票的第一个工具

还记得我前面提到过，只有当买家多于卖家时股价才会上升。列维兹是什么情况呢？是不是买家比卖家多？答案是肯定的。他们是否是强大的买家？非常强大的买家！毕竟，即使在一个小的市场反弹（这只是在一般下降趋势中的反应）过程中，列维兹都能上升到新的高点。

一些要点

我使用日常走势图来比较股票和市场。你没有必要自己做图。市场上有很多图表服务公司，在本章的末尾我也列出了我喜欢的一些公司。你只需要一张白纸，跟踪市场平均指数的走势，并覆盖上某只股票价格的平均指数。然后你就有一个很好的比较基础来开始你的分析。

你的股票与市场的背离程度越大，你就能期望你的股票有更大的增幅。这里，我想说的是，几天的背离就能预测出几天的股价走势，几周的背离就能预测出几周的价格走势，一个月或更长的价格走势就会预测出更长时间的股价走势。

在关键的结合点上进行股票与股市的比较尤其重要（我是指重要的市场转折点）。如果你的股票自从上周四以来保持良好的势头，就不如从上个重要的高点和低点后股票一直表现良好意义更大。

派发模式

不知你猜到没有，其实派发模式与我们的建仓模式正好相反。这里我们要找的是一只走势持续比一般市场价格要差的股票。最明显的例子就是，该股票价格未能随着股市的反弹而上涨到新的高点，这就是派发模式。

从图6中可以看出，由市场平均指数代表的所有股票都在价值上有所上涨，只有这一只股票没有变化。牛市依然不能阻止其抛售，这就是很明显的专业抛售或派发。

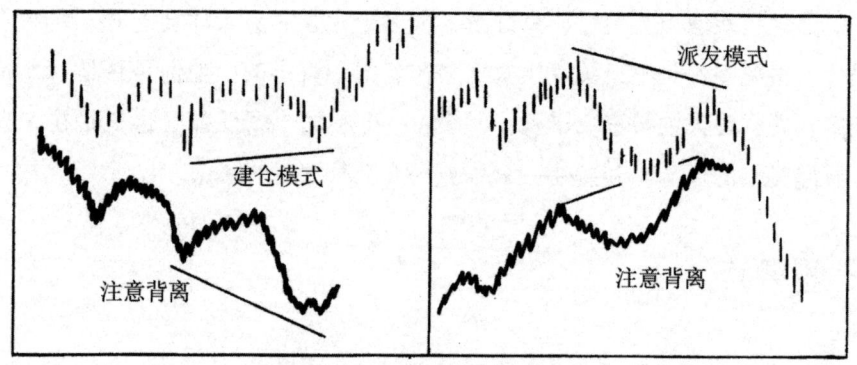

图 6　建仓模式和派发模式

所以，在一个经典的派发模式下我们可以看到股市反弹到新的高点，而处于专业派发模式下的股票将不能反弹到同样的高点。该股票股价与股市高点之间的差距可看出派发的力度。差距越大，专业投资者越想尽快出售该股票。

这种派发模式还有其他的衍生物。我们来简单地讨论一些。我想以1970年春天大西洋富田公司股票的走势图为例来说明（见图7），这里没有经典的模式，当然经典模式也不常容易出现。但是，大量的派发信号很容易看出来。

在大西洋富田公司的案例中，我们看到股市从 A 到 B 开始了一个动态的反弹，这次的反弹力度之大，足以带动股市平均指数，即大多数股票回升至一个高于低点 C 点的位置。

但大西洋富田公司股票怎么样呢？这就非常不同了。大西洋富田公司股票跟随股市一起反弹，但股市没有反弹到新的高点，所以也不具备经典的派发模式。但是，注意一下大西洋富田公司股票的反弹是多么微弱，尤其是与之前的 C 点相比，几乎其他股票都能反弹超过 C 点。大西洋富田公司股票是不是也这样呢？不是，它甚至都没有回到反弹前的价格，所以大西洋富田公司股票一定是处于专业派发模式！

第二章 我选择最优股票的第一个工具

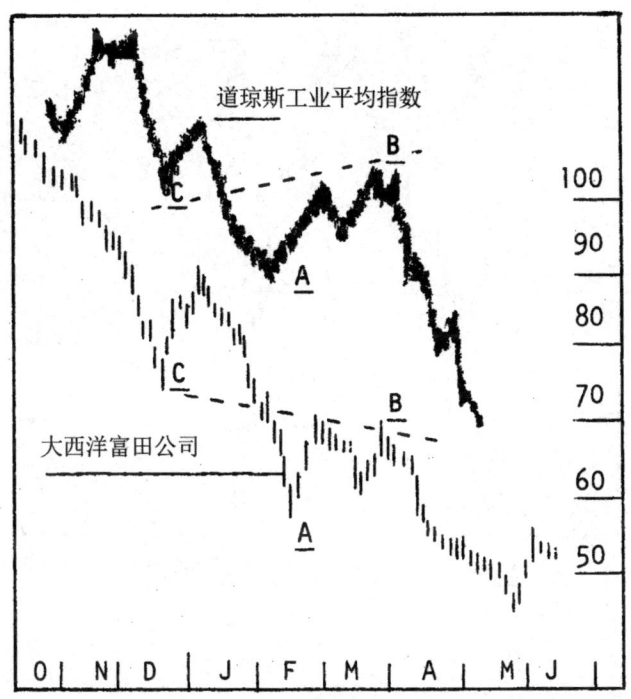

图7 大西洋富田公司股票走势

派发模式的一个不同版本可见奈特马斯石油公司的图表（见图8），它是另一种非常有用的交易工具。我们只需要将股市从 A 点到 B 点的反弹与同时期奈特马斯从 A 点到 B 点的反弹比较。哪一个反弹更强劲呢？答案是股市。对此我们可以得出关于奈特马斯的什么结论呢？很简单，奈特马斯正处于派发模式。当股市平均指数反弹时，奈特马斯却只能维持原来的价格，反弹也只是在同一个水平线上，而其他股票的反弹幅度特别大。

随便找一本关于趋势图的书，拿几张描图纸，你马上就能发现用这种简单的方法来识别建仓和派发模式是多么有效，可以说马上分出强势股和弱势股。

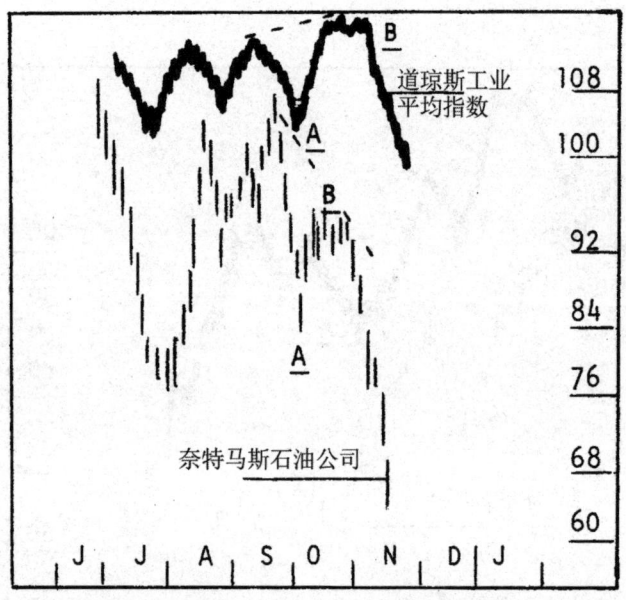

图 8　奈特马斯石油公司股票走势

使用模式的最佳方法

要想在股市中获利需要将股票选择和时机选择结合起来。你现在就可以着手来做第一部分——选股，通过浏览你交易的股票和书里的所有股票走势图，预先挑选出强势股和弱势股。只需要半个小时，你就可以浏览一本图表大全里的所有股票走势图。对于那些有自己的一套价格走势图的人，他们能够很快分辨出哪些股票处于建仓，哪些股票处于派发。

在选股方面，这是一个巨大的优势和一个重大的突破，因为它能够让你立刻将注意力集中到潜力股上。你不需要努力去搜寻热门消息，分辨真伪，不需要花费无数的时间去阅读财务报表。并且，如果你听到了关于某只股票的消息，你可以来验证它，用几分钟的时间来查看它在股市上的表现，从而确定它是处于建仓模式还是派发模式。专业投资者的投资行为是否验证了市场上的消息？答案在图表书上写得清清楚楚。

第二章　我选择最优股票的第一个工具

上文我讲到的模式都应该成为你大致的、全局性的选股方法。在查看了很多只股票后，你可以缩小注意范围，只关注那些最看涨或看跌的模式，然后紧紧地跟踪这些股票。

几点补充

正如我前文所说，牛市背离或熊市背离的时间越长，对长期股价走势的意义就更大。因为这样，在股市高点或低点时，这种方法可能更有价值。

事实上，长期选股最好的方法之一非常简单：当股市达到抛售顶点，熊市即将结束，牛市即将到来时，找出某些没有跌到市场新低的股票。

要进一步改进这种方法就是用各种行业平均指数，如化工、汽车、钢铁等与市场平均指数相比较，找出最强劲的建仓或派发的行业板块，然后将你的调查工作缩小到两只或三只股票，这些股票要具有你要寻找的模式。这样做你可以用15分钟的时间将所有股市里的股票都浏览一遍。找出比任何计算机设计的系统更快、更省力的方法。幸运的是，几乎所有每周图表服务公司都提供各种行业图表。如果你不想使用图表公司提供的数据，《巴伦周刊》杂志的副刊包含了36种行业走势图，给出了每周收盘价和净差额等，这样你就可以制作自己的行业指数了。

在浏览股票时，你会发现有几只股票能够符合专业建仓或派发的全部信号。这时你就需要根据自己的数据从中挑选出一两只股票。选出具有与市场最大价格和时间背离的股票后，浏览工作就算完成了。但一定要记住，查看价格和时间背离。

我发现，我经常"强迫"一只股票去满足建仓或派发模式，每一次这样做都会导致损失。所以，千万不要将一些没有的东西强加进你的股票，当然也不能因为先前对股票看涨而忽视熊市的信号。

第三章　我选股的第二个工具

第三章 我选股的第二个工具

我选股的第二个工具

对于新入股市的人，看到股迷们在业余时间所做的大量研究工作，他们会感到非常惊讶和不解。我过去在做，现在还在做，研究各种新的指标、交易策略等。我绝大部分研究工作都以失败而告终，没有什么收获。

幸运的是，从大量的图纸、电脑打印出的资料以及我在深夜画出的弯弯曲曲的图表中，我还是找到了一些珍宝。其中一个珍宝就是一个公式，我常用来衡量任何股票在任何时间、任何地点所发生的建仓和派发的数量。

几年来，我一直在做被股市技术分析师称之为"平衡交易量"的研究。这是一项股市技术，最初由两位股市前辈伍兹和维格诺尼亚在20世纪40年代完成。这项成果在乔·格兰维尔的《股市获利新诀窍》这本有趣的书中发扬光大。平衡交易量的本质在于构建一条股票日成交量的流线，这条流线可以以任何的数字为基础，比如说5000，加上一天所有的成交量。比如说500，对于这条基本线来说，如果股价上涨了，我们就可以得到一个新基数5500。

如果第二天股票依然是上涨的，那么就将增加的数量加在新的数字5500上。因此，如果股票成交量为1000股，那么新的数字为6500（5500+1000）。如果接下来的一天股票面临售卖的压力，股价下跌，成交量为800股，那么应该从昨天的数字中减去800股，从而得到今天新的数字5700（6500-800）。每天对这条流线进行更新，就能计算出一个建仓的数值。

我喜欢这种方法背后的中心思想，但是发现关于这种市场活动需要做的还有很多。有很多种方法来阐释这些数字，但这些数字发出的信号往往都是很糟糕的，或是灾难性的。

构建股票买卖成交量的流线这种基本方法吸引了我。在努力提升这种基本方法的过程中，我最终发现了能够准确计算建仓和派发的完美公式。

正如真正的好事临头要靠上天眷顾一样，我偶然发现了选股密码也离不开运气的因素。我曾经一直有一种观点，就是把买卖双方看成是交战的双方，他们交战的结果可以通过每天股票的净变化量来衡量。在此，我所做的改进是不考虑净变化量，而是从这一整天的变化范围来看。

图9是一个真实的股票走势图。我们可以看到一组重要关系的开始。关系很简单：通过比较股票收盘价格与当天其他价位水平，我们可以看到买卖双方的情况。如果股票当天的最高价为62美元，最低价为58美元，我们就有了对比收盘价的参照点。如果股票的收盘价为59美元，可以很明显地看出，大量的卖出迫使股价下跌。

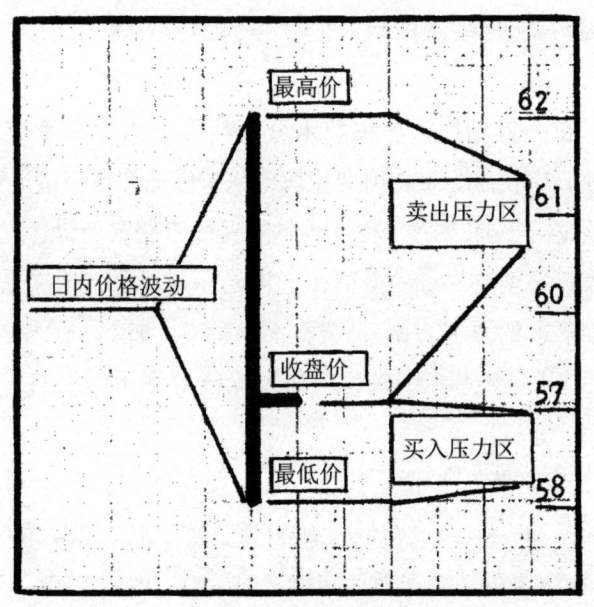

图9　股票走势

事实上，即使当天的收盘价高于昨天，但是只要收盘价接近或等于当天的最低价，我们就可以得出：当天的交易量并不全是买进，更多的应该是卖出。

好几个月以来，我一直思考一个问题，一天清晨，我终于想明白了。我通常会在开盘前的10~15分钟前到办公室，这是西海岸的清晨7点，正是思考的好时间。电话还没开始响起，办公室里没有其他人，我可以静静地观察股市的变化。这一天，我正想密切关注一下我最喜欢的一只股票——纳托莫斯的日成交量。

开盘后不久，我就发现了一个有趣的现象。纳托莫斯的开盘价比昨天的收盘价低 0.75 美元，开盘成交量为 1500 股，从此开始直到收盘，纳托莫斯的成交量为 44500 股，成交价与昨天持平。

乍一看，感觉纳托莫斯当天没有净变化量……买进和卖出的压力相同。但是又如何解释从开盘时的 1500 股上升到 44500 股和 0.75 美元的上升呢？这是怎么回事？

如何跟踪日供求量

一旦你了解了我所讲内容的重要性，并且能够接触报价器、股票经纪人或华尔街日报，你就可以密切跟踪世界上任何地方的供求关系。因为只要你每天花时间来跟踪那些专业投资者，你就能够从他们的行为中得到明确的买卖信号。

在股市中赚钱不容易……可以说很难。我们想要获得直接大量利润的目标确实很高，但这个目标是可以实现的，只要你关注你所做的事情。当然这并不意味着你要把所有时间都花在股市上，但你需要仔细观察股市每天的数据。

最重要的是跟踪每天的供求关系

现在你对日供求关系的重要性有了深刻的了解，我还想进一步说明一下股票是如何进行交易的。我想让你全面了解每个市场交易日的情况并感受一下交易所的供求对比。

我观察每天的市场价格走向，以此来了解专业投资者在做什么，看一下是谁赢得供求战争的胜利。我用一种特殊的方法来进行观察。下一章，我会给出一些这种方法的例子，但现在我只想介绍这种方法的基本思想，让你更好地理解如何去辨别专业的买进和卖出。

打破一些先入为主的观念

仅凭股价一天的升降并不能说明股票是处于建仓还是派发的状态。股价从昨天到今天的变化也不能反映任何市场的变化。

这绝对是一句真理。当你向经纪人寻求报价时,他通常会给你一个价格,然后告诉你今天的股票是上升还是下降了。如果这一天的价格上升了,就可得出买家多于卖家,如果下降就是卖家多于买家。事实并非如此。如果你想在股市获得成功,你必须破除你这种先入为主的观念。

你看,这就是战争,真正的战争,在交易所的大厅里,每一只股票的买卖双方每天都在上演这样的战争。也许这些战争解释了为什么股市里的人都如此敌对。

随着收盘铃声的响起,买家和卖家也结束了一天的斗争。一些人赢得了这一轮的胜利。第二天又是新的战斗,在每天结束之后我们都可以休息一下,看一下谁又是胜利者。

我们最好先了解一下战场和指标。战争随着每天早晨第一只股票的开始交易而打响,通常是在15分钟之内,所有的股票开始交易,价值点出现,号角吹起,战斗继续。

如果牛市一开始便掌控市场,他们会推高股价,反之亦然。这意味着每天的股票高价是由牛市确定,开盘价与日最高价之间的差距表现了牛市的力量。

熊市通过压低股价来表现他们的力量。因此,开盘价与最低价之间的差距表现了卖出的压力或卖出的数量。熊市的力量通过开盘价与最低价之间的差距来衡量,牛市的力量通过开盘价与最高价之间的差距来衡量。

我们还需要注意另外一个数据,这就是股票的收盘价。使用收盘价最简单的方法就是看它是高于还是低于早晨的开盘价。

如果一只股票的开盘价是56美元,收盘价是54美元,我们就可以说熊市赢得了今天的战斗。无论怎么说,股价都从开盘价的基础上下跌了。如果收盘价为56.25美元(或者稍微比56大一点),我们可以说牛市略胜一筹。

第三种情况。如果股票的收盘价与当天的开盘价持平,我们可以说牛市和熊市都未能掌控全局,赢得战争。

多年的研究经验告诉我,开盘价几乎全部都是由经验不足交易者下达的"开盘即买"的指令所形成的。可以说,这些人就是专业人士为设定开盘价的牺牲品。这些指令并不专业,而且,开盘时的成交量通常都非常少。一只活跃的股票每天的交易量通常在35 000股或更多,而它的开盘交易量通常只有200或300股。前一天的收盘价与今天的开盘价之间的任何价格变动都是很随意的,不值得相信。

现在我们知道谁是赢家,但在多大程度上是赢家呢?

可以看出,要分辨出谁是赢家并不难,但我们需要衡量一下获利和损失的程度,因为一天是买家获胜一天是卖家获胜,这种状况会让我们陷入僵局,不知道谁才是真正的胜利者。

分析成交量

但这并不是说就没有办法了,我们可以通过将一天的交易活动分解成比例,从而确定谁是赢家。具体做法就是牛市在多大比例上控制一天的交易活动,熊市在多大比例上影响一天的交易活动。当所有因素相等时,我们就可以说买卖双方各占50%的比例。

如果实际的胜利者是牛市,我们可以看到一天有60%的买进和40%的卖出。下一章我会给出具体的计算这些数据的公式。现在我们只从概念方面来理解,即对所有的股票,我们都可以构建一个比例来大致反映一天之内的买进和卖出行为。

这种方法给了我们另外一种尺度。在我们上文的例子中,我们可以通过比较两天买进的比例来做进一步的评估。比如说在买方日,买进的比列为80%,卖出为20%。第二天,卖方日的卖出比例为60%,买进比例为40%。知道这些,我们就可以大概断定这两天市场是由买方控制。因为买进比例为80%+40%=120%,而卖出比例为20%+60%,总共只有80%,所以买方在市场中占据主动地位。

即使分析了这些还不够,这就是为什么我们要把买进比例或卖出比例与股票日成交量相比。成交量是建仓或派发最真实、最原始的数据。

因此,在一个买进比例为80%的买方日,我们把当天成交量的80%作为买入量或建仓数量。在一个买进比例为20%的买方日,我们把当天成交量的20%作为买入量。这样我们就能够准确地反映出任何一只股票在任何时间买进和卖出的数量。

当我的朋友唐和那位女士仍坐在经纪人办公室试着去分辨到底是买方多还是卖方多,而且越讨论越糊涂时,我们已经能够准确地计算出今天成交量中的买进量和卖出量各占多少比例了。我们已经通过识别供求的因素,并把这些因素分解成可处理的形式,从而攻克了供求关系问题。

如何判断何时专业投资者控制了股票

专业投资者是一群非常优秀的人员。较之普通的投资者,他们更加理性,更善于计算,不会急于投资某只股票或跟踪市场的变化。他们有足够的资金,可以坐下来好好地观察市场的变化。

这也是专业投资者很少在开盘时买进股票的原因之一。他们等待着,一直等到其他人开始交易。在开盘价确定后,这些专业投资者、专业人士就可以判断出该股票的价值是被高估了还是低估了。

如果一只股票的价值被高估了,他们就会开始卖出这只股票,反之,他们会选择买进。在这两种情况下，开盘后股票的走势主要是由专业投资者控制，因此，这也是对专业交易活动的一种反映。

如果你想知道在你投资的股票里专业投资者在做什么，你就要观察该股票从开盘到收盘的情况。专业投资者都会这样做，而普通投资者只想知道今天的股价是涨了还是跌了。

在这个小游戏里，我们不能低估专业投资者的作用。他们能够很专断地设定某只股票的开盘价。因此，如果他认为这只股票会涨，那么他会让开盘价低一个点或低更多，将开盘股减少 500 到 1000 股。他和他的同伙就会买进这只"便宜的股票"，并且抬高股价。这点小计谋使得专业投资者买股票能够像买进一些打折的东西一样。

我一次又一次地看到，一些股票以高于前日收盘价 0.5 到 3 个点的价格开盘，成交量不到 1000 股……然后大量的资金涌入，新的上涨开始。或许这就是为什么股市几乎没有专业投资者破产，为什么纽约证券交易所的席位会如此昂贵的原因吧。

总结一下，如果要发现专业投资者对你投资的股票在做什么，那就观察该股票从开盘直到收盘。如果收盘价高于开盘价，那么他们在这一天是买家。如果收盘价低于开盘价，那么在这一天他们是卖家。我把前一天的收盘价与今天收盘价的关系这两点都说的很明白了。

进一步的说明

图 10 反映了前一天的收盘价到第二天收盘价的净变化值，这就是很多人所做的图。在这条传统的价格走势线下面，我又构建了一条反映从开盘到收盘价格变化量的走势线。如果收盘价高于开盘价，走势线上升，如果低于开盘价，走势线下降。

你会很快发现这条线像 X 光技术一样能够让我们看清楚什么时候专业投资者进入这只股票，并且很清楚地表明简单的价格变动所表现出的熊市或牛市都是具有欺骗性的。注意一下这条线是如何引领股价的。

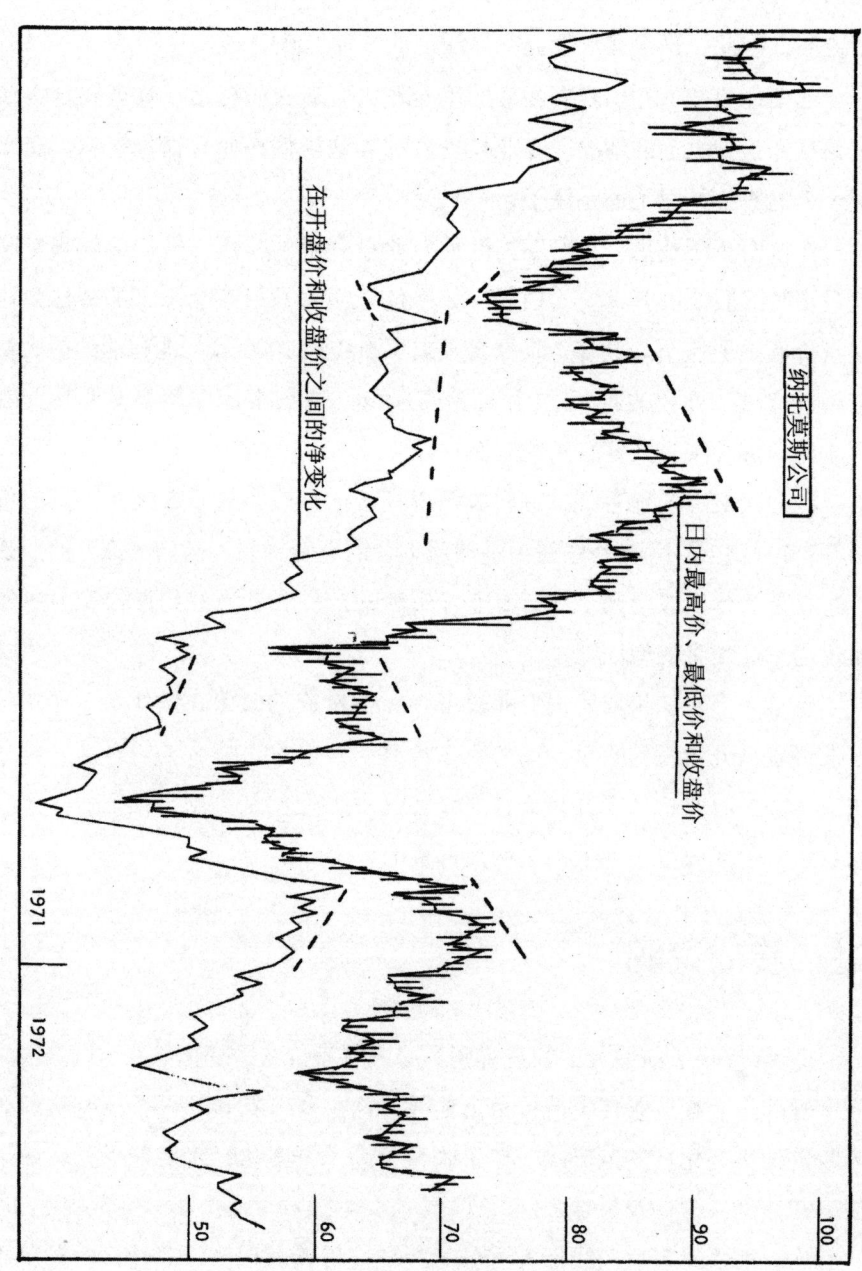

图10 纳托莫斯股票走势

第四章　如何利用建仓或派发公式获利

第四章　如何利用建仓或派发公式获利

出版人说明：

为了进行书中的一些计算，我们需要股票每天开盘价的数据。虽然现在主要的财经报纸都不刊登开盘价，但这些数据确实可以找到。大量的电脑服务机构会提供这些信息，你的经纪人也能接触到这些数据。

所以你可以使用电脑服务机构提供的服务，或是联系你的经纪人，或对这个计算公式进行简单的修改（如下文所述）。

如果你很难得到开盘价的信息，威廉姆斯先生建议我们用昨天的收盘价代替公式中的开盘价，这样依然可以构建每天供求关系的生动的表现形式。

这种替代在股票选择和时机选择中具有同样的准确性。建仓的数量由前一日的收盘价与今日最高价之间的差距所决定，这就是一个买进单位。

下一步计算当天最低点与当天收盘价之间的差距，这是另一个买进单位。把这两个单位加在一起就可以得出今天的买进量。总的卖出量通过计算昨日收盘价与今日最低价以及今日最低价与今日最高价之间的差距而得出。

把总的买进量和总的卖出量相加得到一个总和，然后买进量除以这个总和就得到了当天的买进率。

如果昨天的收盘价高于今天的最高价，那么第一个买进单位为零。同样，如果昨天的收盘价低于今天的最低价，那么卖出的单位也为零。

该公式如果使用收盘价来计算并不完全等同于使用开盘价，肯定会有差别。但是，总的来说两种计算结果的表现会基本相同。交易也会略微不同，但是总体结果是一样的。

所以，不要期望从两种计算中得出相同的结果。

改正后的公式如下所示：

$H - Y_C = B_1$（今日最高价−昨日收盘价＝第一个买进单位）。

$C - L = B_2$（今日收盘价−今日最低价＝第二个买进单位）。

当 $Y_C > H$ 时，$B_1 = 0$（当昨日收盘价高于今日最高价时，第一个买进单位为零）。

$B_1 + B_2 = T_B$（第一个买进单位+第二个买进单位=今日总买进量）。

$Y_C - L = S_1$（昨日收盘价-今日最低价=第一个卖出单位）。

$H - C = S_2$（今日最高价-今日收盘价=第二个卖出单位）。

当 $Y < L$ 时，$S_1 = 0$（当昨日收盘价低于今日最高价时，第一个卖出单位为零）。

$S_1 + S_2 = T_S$（第一个卖出单位+第二个卖出单位=今日卖出总量）。

$\dfrac{T_B}{T_B + T_S} = B\%$　　（总买进量/（总买进量+总卖出量）= 买进率）。

$B\% \times Vol. = OBV$（买进率×成交量=平衡交易量）

如何利用建仓或派发公式获利

到目前为止，你已经知道了价格模式的重要性，也确定了当个股表现优于市场时会出现什么样的建仓信号，以及当个股表现不如市场时会出现什么样的派发信号。

你也了解到了专业交易活动的重要性，以及观察市场从开盘到收盘股市变化的必要性。现在，你应该学习一下如何分辨这一天的交易量中有多少是买进量，有多少是卖出量。

在开始之前，我想再强调一下第二章提到的图表模式的重要性。我觉得有些读者会认为第二章的内容对他们来说有点简单，会直接跳过去。但是请相信我，那些模式与建仓和派发信号以及这一章我要讲的实际公式同样重要。通过股票与股市图表模式的对比来选择那些正处于建仓或派发的股票，这种方法的价值不容低估。

通过这样做，你可以将你的股票选择范围缩小到几只股票，从而避免弱势股票，选择最强势的股票。然后，你可以开始通过成交量来查看专业投资者的建仓行为，利用已有的选择工具从中选出一两只最好的股票。

第四章　如何利用建仓或派发公式获利

以下就是我的百万美元公式

我最后衡量专业建仓和派发的公式是通过计算一天之内股票的最高点和最低点的差额得出的。然后我们又发现了收盘价与开盘价的差额。现在我们有两个数字，一个告诉我们一天之内股票的变动范围，另一个告诉我们开盘价到收盘价的净变化值。

下一步是用收盘价与开盘价的差额除以最高价与最低价的差额，得出的结果就是当天净买进量或净卖出量的比例。

最后一步，就是用当天的成交量乘以刚才得到的结果。最终结果（日净建仓/派发指数）告诉我们当天有多少买进成交量和多少卖出成交量。然后将日净建仓/派发指数加上或从建仓/派发指数中减去，就像是用传统的平衡交易量或更熟悉的腾落指数（上涨/下跌线）的处理方式。与其他相比，这种方法会快很多。

公式的简化形式如下：收盘价与开盘价之差除以最高价与最低价之差，乘以日成交量，等于当天的净买入成交量或净卖出成交量（日净建仓/派发指标）。

（收盘价-开盘价）÷（最高价-最低价）×总成交量=日净买卖量

如果开盘价低于收盘价，则当日成交量指标为正或者说是买入成交量，这个数字要加到前一日的建仓/派发线上。如果收盘价低于开盘价，则当日成交量为负，为卖出成交量，应当从前一日的建仓/派发线上减去。

为什么使用成交量？

看来只使用一只股票的开盘价和收盘价的差额就可以衡量建仓量。但是，只有成交量才能推动股票价格，并且常常如现实股票市场所表示的那样，成交量代表了专业投资者拥有的大规模资金的运作方向，所以它能给出股价走势的信号。通过跟踪交易量，我们可以看出投资组合、专业投资者和大的投资者在如何运作他们的资金。

这一点非常重要。例如，如果某只股票的开盘价连续两天上涨0.5点，很难分辨建仓主要出现在哪一天。但是如果我们知道第一天成交量增加了5000股，第二天增加了10000股，这就很不同了。虽然两天的价格变动相同，但是我们可以看出建仓主要发生在哪一天。

如何构建专业投资活动的流线

我们已经能够准确地计算出每日买进和卖出的压力，现在我们需要利用这些数据，学会怎么从这些数据中找出明确的买进或卖出的信号。

前文中已经介绍了如何构建一条传统的平衡交易量线，我常使用同样的方法来考察建仓行为。换句话说，当我开始研究一只股票时，我会选择一个基数，比如说5000，然后把由上述公式得到的日净建仓量加到这个基数上，或在这个基数上减去派发量。

这意味着，当买进多时，将日净建仓/派发量加到基数上，当卖出多时，将日净建仓/派发量从基数中减去。这就是这个概念的全部，没有更为复杂的计算。因为这个方法太简单，所以很多人还有疑虑。他们还想要研究移动平均线、指数或其他指标。我认为我对这些指标的研究已经覆盖了各种指标和数学方法的各方面。我觉得最简单的就是最好的。记住，根据公式，用昨天的数据加上或减去今天的日净建仓/派发量，即可得出建仓流量线。

或许举个例子可以解释所有的疑惑。我在下文中列出了博士伦公司六天的交易活动数据。除最后一栏外，其他数据都不需再做说明……建仓/派发一栏表示今日净建仓/派发量对前一日净建仓/派发量的变化。

请注意，我将所有的分数化为小数，且只保留小数点后一位小数。因此，34 1/8 = 34.1，34 1/4 = 34.2，34 3/8 = 34.3，34 1/2 = 34.5，34 5/8 = 34.6，34 3/4 = 34.7，34 7/8 = 34.8，35.00 = 35.0。将分数转化为小数会更容易计算，并且上述转换表格也很容易记忆。

第四章　如何利用建仓或派发公式获利

此外，与绝大部分报刊的做法相同的是，我省略了日成交量的最后两位数字。因此第一天成交量显示的是564，实际代表的是56,400股成交量。使用小数字进行计算会更容易。

35.2	36.5	34.7	35.8	564	+.6	1.8	.33	+186	3208
36.2	38.2	36.1	37.6	789	+1.4	2.1	.66	+520	3728
38.3	38.5	37.5	37.7	414	-.6	1.0	.60	-248	3480
37.3	38.5	37.0	38.0	277	+.7	1.5	.46	+127	3607
38.0	30.0	37.8	38.8	425	+.8	1.2	.66	+280	3887
39.7	19.8	38.2	39.0	949	-.7	1.6	.43	+408	3479

对于像我一样数学背景不强的读者，可能都想仔细研究一下这些数字，来看一下最后的结果是怎么得出的，以及日成交量与买入卖出百分比的乘积是如何对建仓/派发线做出调整的。

我有一个活页本，里面记录着我的股票信息。每一页都分为开盘价、最高价、最低价、收盘价、成交量和建仓线这几栏。如果你使用加法器，就不用买入卖出百分比这一栏了。你可以把这个数据存在加法器里，然后按一下乘法键，输入今天的成交量数据。然后将日建仓/派发量加到或从前一天的建仓/派发线数据中减去。

一些节省时间的建议

1. 如果开盘价等于收盘价，买进量等于卖出量，这种情况下你就不需要再利用公式计算，直接取昨天的建仓/派发线数据即可。

2. 如果开盘价等于日最高价，收盘价等于日最低价，所有成交数量均为卖出成交量。这时你也不需要利用公式计算，只需从前一日的建仓/派发线数据中减去今天的总交易量即可。

3. 如果开盘价等于日最低价，收盘价等于日最高价，所有的成交量均为买进成交量。同样，你也不需要利用公式进行计算，只需要把当天的总成交量加到前一天的建仓/派发线数据即可。

初次见到上述公式，你可能觉得很复杂或很浪费时间。但请你相信事实并非如此。每只股票每天只需要30秒即可得到这些宝贵的数据。不可否认，理解这个公式需要一些时间，但你会很快看明白这个公式的奥秘，然后这些数据就几乎能够"自己运作"了，真是这样的。

如何发现基本的买入信号

我的记录显示，当股票价格和用建仓/派发线所代表的成交量之间出现某种特定的交易模式时，就出现了极佳的买入机会。简单地说，这种特定的交易模式是指当股价下降到一个新的低点，同时这种价格上的新低并不与建仓/派发线上的新低相匹配。

大多数时间里，股价的走向与建仓/派发线的走势相同。只有当两者彼此背离的时候，我们才可以从中获取一些预测信息。我认为股价走势很大程度上是一种虚假的试探，通过影响大量的资金导致人们在正确的时间做出错误的事情。因此，股价常常暴跌，造成股票常常崩溃的表象。这是我研究股价走势所留下的印象。

然而，当我们查看成交量结构时，我们就有了如X光片般清晰的图像，可以清楚地看到资金以及建仓派发方面的信息。我们还可以从交易量的走势上来看一个明显的股价下跌是否合理或有保障。

买入信号意味着什么

当价格下跌并不与建仓/派发线的下跌相匹配时，表明形势已经有所变化。当这种模式出现时，即股价创出新低并没有得到建仓/派发线新低的确认，这就告诉我们股价的暴跌可能只是假象，实际是想让股票持有者将股票卖给专业投资者。进一步分析一下，我们可以明白专业投资者在压低股价的同时又买进该股票，很明显他们对这只股票是看涨的。

什么是基本的买入信号

这里我所说的基本的买入信号是指，由建仓/派发数据所发出的经典的、基本的买入信号。你可以看到，股价由上次的支撑点跌至更低点，表面上看起来形式很不乐观。

然而，查看一下建仓/派发线，我们可以看到价格下跌没有等同于或得到专业买进和卖出的确认。事实上，建仓/派发线远高于前一个低点。实际上，专业投资者在支撑并买入这只股票。因此，我们可以预测在未来几天、几周或几个月里该股票会有较大的上涨。

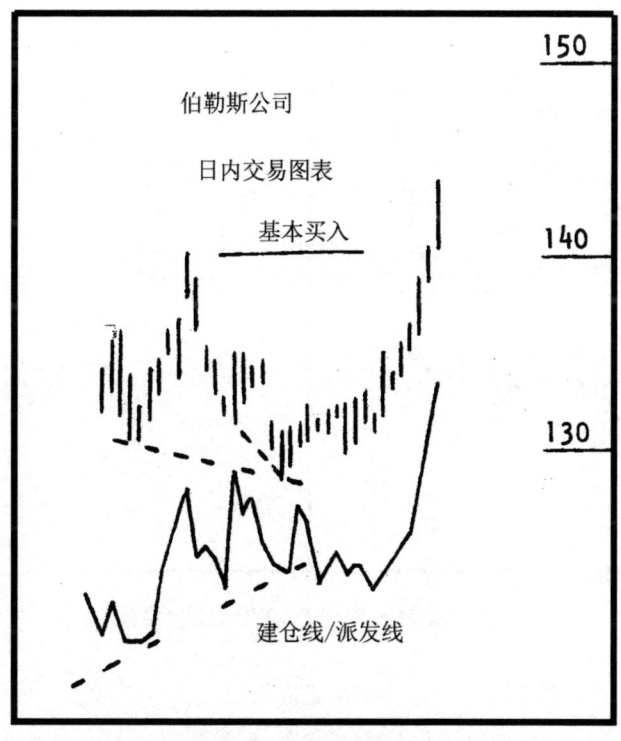

图 11　伯勒斯股票走势

如何识别最强有力的买入信号

这种方法的另一个特征就是，它能让你看见具有最强买入信号的股票。比如说，你已经确定了两只股票作为候选股，两只股票都表现出了优于股市的价格走势，并且都已经表现出建仓的行为。那么你需要比较一下哪只股票的建仓力度更大。做法很简单，观察两只股票的背离情况。如果一支股票的价格走势与建仓/派发线呈现出最大限度的背离，那么这只股票就是你的最佳选择。

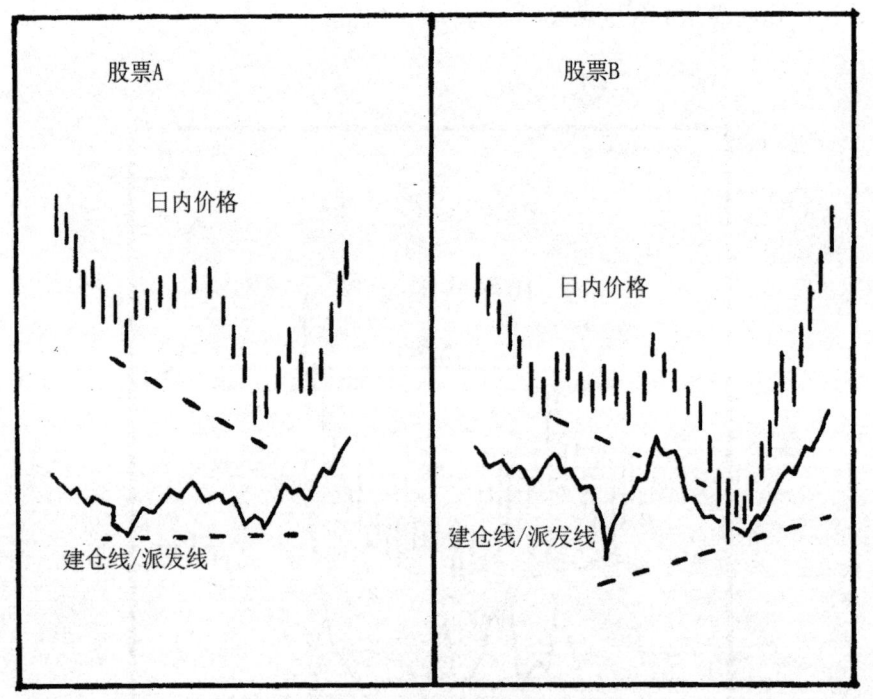

图12 股票价格走势与建仓线/派发线

上面给出的例子可能会让你更清楚需要找什么样的股票。股票 A 很明显符合我们买入的所有标准，但是它的建仓/派发线比股票 B 跌得更低一些。

另外，有时候你会看到有些股票的股价大幅下跌，而建仓/派发线却几乎没有下降。这种情况在迪斯尼股票80美元的时候出现过，宝丽来也出

第四章 如何利用建仓或派发公式获利

现过同样的情况。迪斯尼的股票在一个很大的范围内波动，但是一直上升的建仓/派发线告诉我们，这只股票一定会突破其波动的交易范围并大幅上涨。事实也是如此，其股价从 80 美元一直上升到 140 美元。

如何发现基本的卖出信号

基本的卖出信号与基本买入信号恰好相反！这样事情就简单多了。我们要找的是股价回升至新的高点，而建仓/派发线却没有确认这种价格创出新高的股票。当出现这种情况时，股价或建仓/派发线总有一方要做出让步，而让步的往往是股价。

可以看到，要保持股价稳定或上涨必须要有成交量的支撑。如果成交量不够或崩溃，都会导致下跌，直到成交量和股价再次匹配。

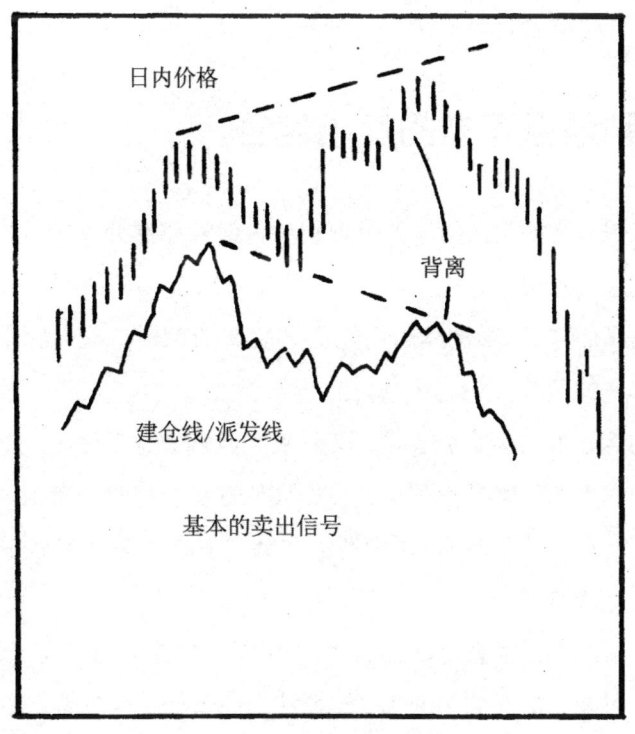

图 13 基本的卖出信号

卖出信号意味着什么

卖出信号意味着专业投资者正在派发，给股票带来更大的卖出压力，尽管股价在明显上涨。这是一个非常明显的熊市警告，它预示专业投资者正在退出该股票。如果专业投资者不想再持有这只股票，那么我也一样。

你要找的真正的卖出模式如下所示。在这个例子中，我们可以看到股价回升至一个新的短期高点。这是真正的上涨吗？我们如何得知？通过查看建仓/派发线，我们可以得到答案。

在这个例子中，我们看到建仓/派发线并没有回升到新的高点。事实上，它跌至新低。由此可以得出什么结论呢？结论就是这只股票正处于专业的派发模式，股价将会下跌。

如何识别最强有力的卖出信号

识别最强有力的卖出信号就像识别买入信号那部分一样。我们需要做的就是找到股价走势与建仓/派发线表现出最大背离的股票，找到一只股价上涨至新高而建仓/派发线却完全与之脱离的股票。这只股票就是你需要卖出或卖空的股票。

以下的例子可能有助于理解。股票 A 与股票 B 都反弹至新的高点。但仅凭股价我们不知道哪只股票是卖出的最佳选择。那我们怎么办呢？或许你已经猜到。查看一下建仓/派发线，看哪只股票正处于最强的派发模式中，我们就有答案了。

在这种情况下，很容易找出其中的不同。股票 A 的建仓/派发线有反弹的势头。再看一下股票 B 的建仓/派发线，真是一个灾难，尽管股价不断回升，但它依然持续下跌。顺便说一下，这些例子都不是编造出来的，它们都是我个人图表书里的真实例子。

第四章 如何利用建仓或派发公式获利

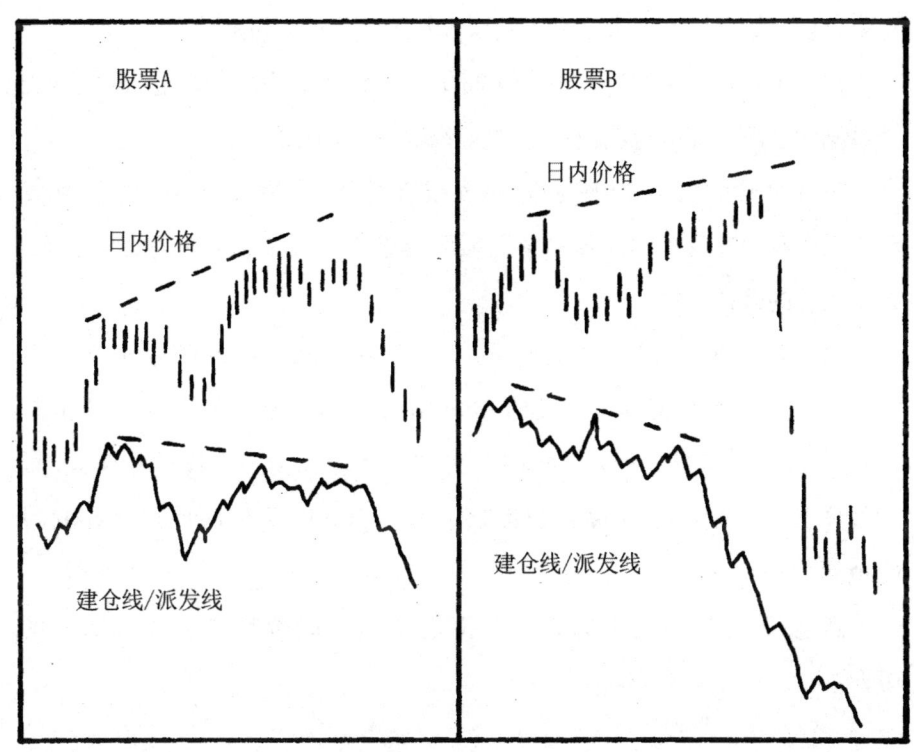

图 14　卖出信号与建仓线/派发线

直接的获利信号

有时候，注意到建仓/派发研究中的一个特殊形态，我就能直接获利。在这里，我想和大家分享一下。这种直接的获利信号与买进或卖出没有任何相关性，所以暂时忘掉我们上文所讲的内容。

直接获利的信号只以一种方式出现。虽然它出现并不频繁，但是它一旦出现，股价就会快速上涨。

这种获利信号涉及股价走势与建仓/派发线某种形态的比较。我要找的股价走势就是你们所熟知的盘整形态。图中给出了几个例子，我们称之为基础或小型交易区，几天或几周的时间里价格都在此区域内上下波动。也就是说，股价涨跌被锁定在买卖双方对抗的狭小空间里。

在股价进行盘整的过程中，我们从一天的数据中看到建仓/派发线出现急剧的上涨，那么这就预示着你应该买进这只股票。

单日大规模的建仓促使建仓/派发线直线上升，并完全打破建仓/派发线原来所在的交易范围。这种情况表明盘整即将结束，股价将急剧上升，这是买进的最佳时机。

只等待建仓/派发线出现这种大的上升，你就可以赚很多钱。但是，我要劝你注意的是，不要将建仓/派发线的上涨与总成交量的上涨混淆。总成交量的上涨不是我们要找的信号。我们要发现的是建仓/派发线本身所发生的不同寻常的大幅上涨，而同时股价保持在交易的限定范围之内。

建仓/派发线的跳跃的方向就提前预示了股价将要上涨或下跌的方向。

利用中国文化

中国的哲学思想和理念能够教会我们认识自己和股市。在后面的章节，我想讨论一下中国文化里阴、阳这两个概念的巨大价值。但现在，我只想引用他们的格言——百闻不如一见，并继续给出关于基本买入、卖出以及直接获利信号的几个真实例子。

我在图表上做了注释，尽量让读者明白我关注的重点。如果你想通过本书获利，那就不要轻易跳过这几张图。注意一下股价与它们的建仓/派发线之间的细微区别。我故意没有标注出所有的建仓/派发信号。现在，你为什么不自己找一下基本的买入和卖出信号呢？我就是这么开始的。

第四章 如何利用建仓或派发公式获利

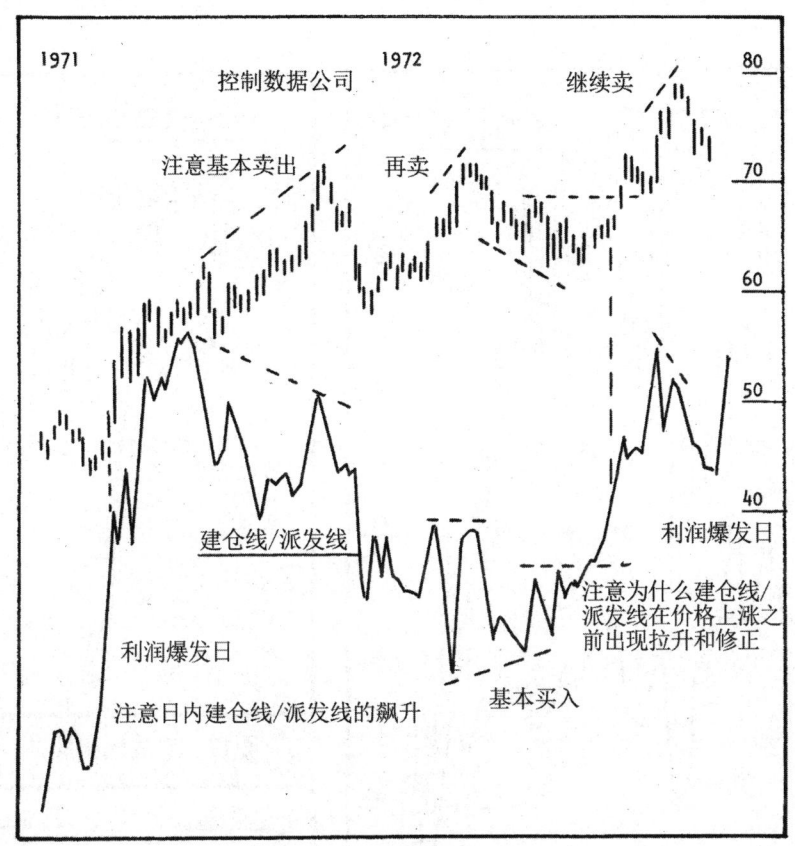

图 15 控制数据股票

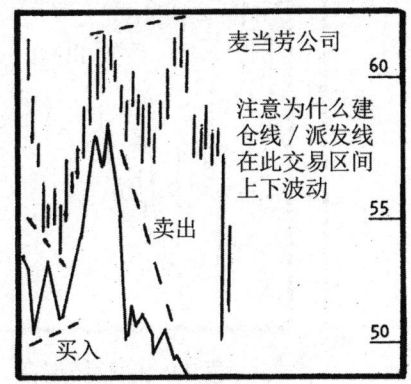

图 16 麦当劳股票

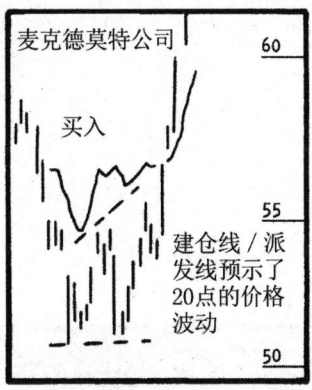

图 17 麦克德莫特股票

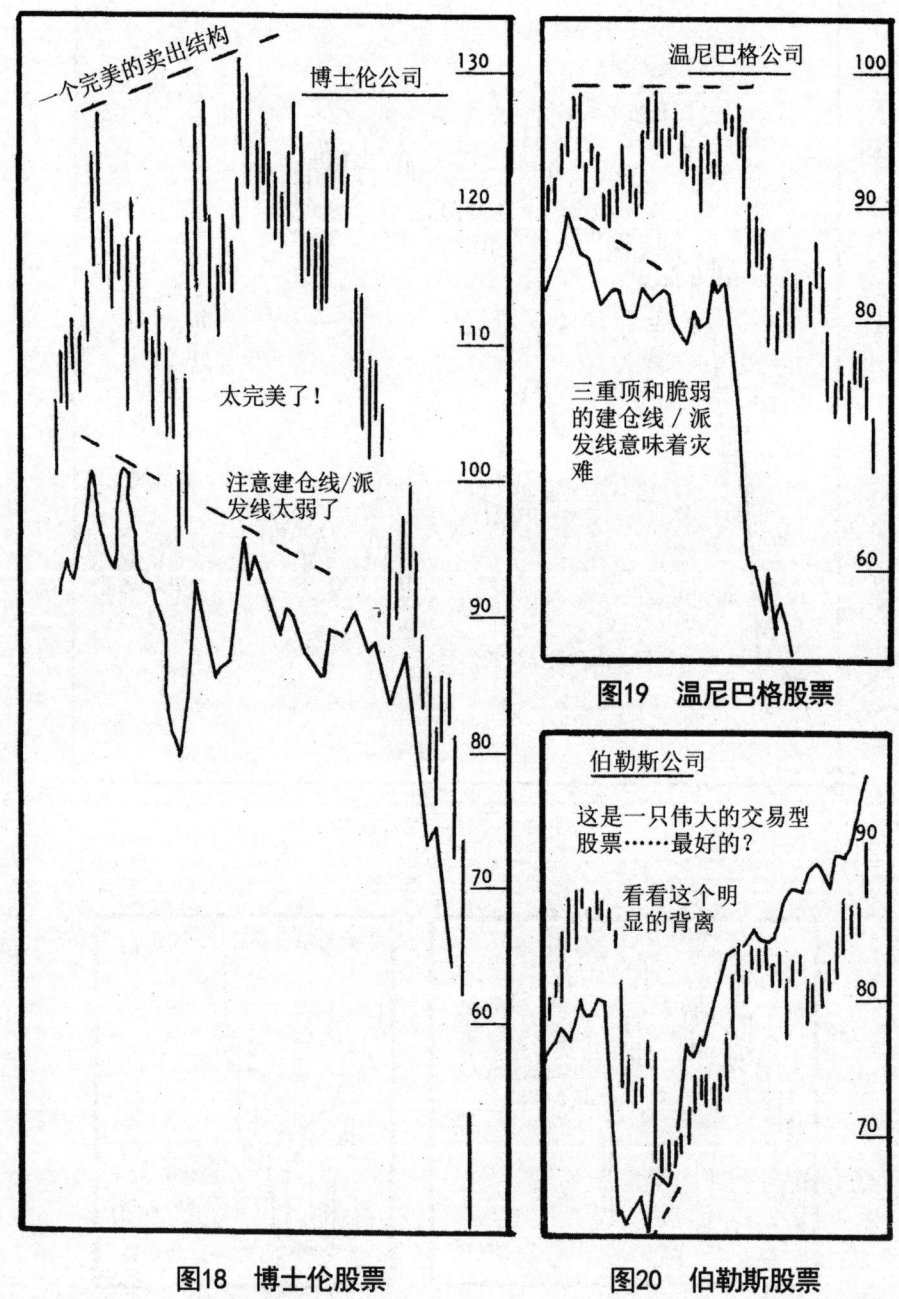

图18 博士伦股票

图19 温尼巴格股票

图20 伯勒斯股票

第四章 如何利用建仓或派发公式获利

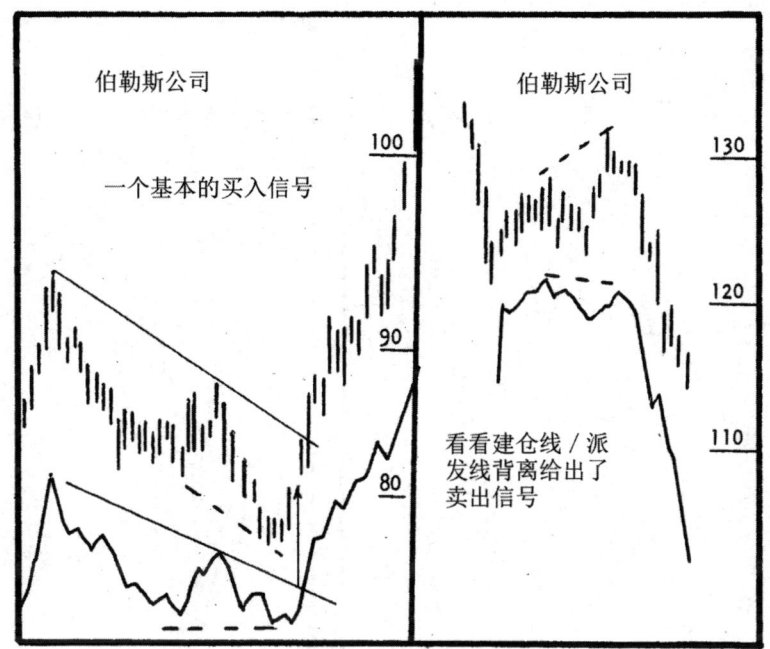

图21 伯勒斯股票

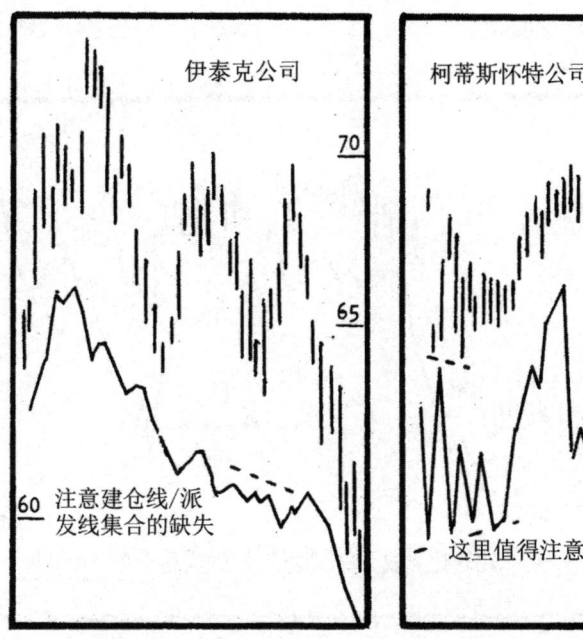

图22 伊泰克股票

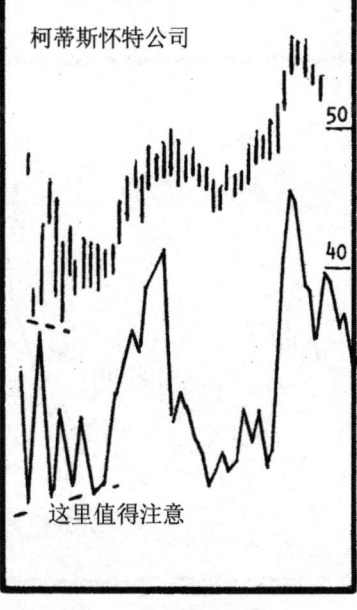

图23 柯蒂斯怀特股票

选股密码

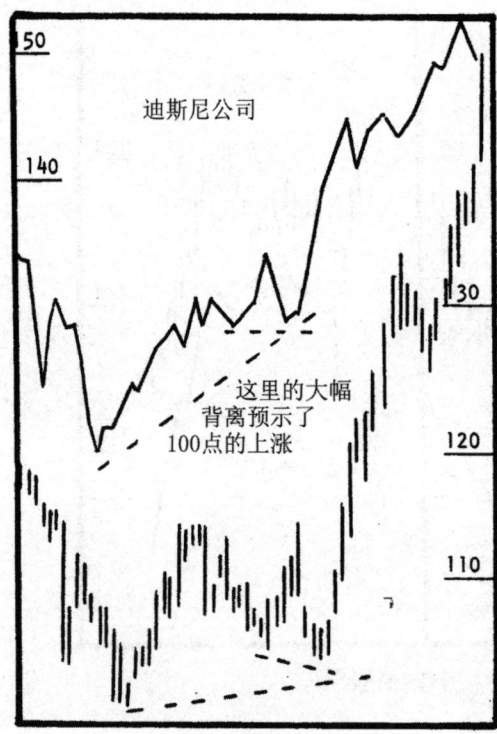

图24 迪斯尼股票

图25 纳托曼斯股票

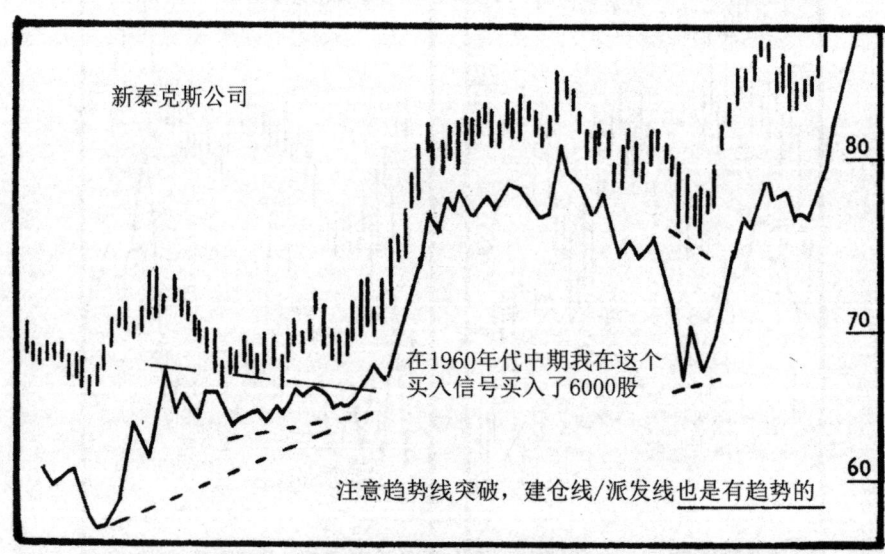

图26 新泰克斯股票

第五章
是否应该跟踪短中期趋势并如何跟踪

是否应该跟踪短中期趋势并如何跟踪

选择一只好的股票只是成功了一半，剩下的就是选择购买股票正确的时机。作为交易者和投资者，我们必须要做的两个决定就是，买什么股票，什么时候买。

我见过许多股市参与者，他们几乎不知道自己是什么类型的投资者，也不清楚自己要从股市中获得什么。

他们一会儿是交易者，一会儿又变成了长期投资者。他们最大的问题就是，持续不断地变换自己的角色和目标，这也难怪他们会失败。

如果想在股市中获利，你必须清楚你是谁，想要什么。

我常去一家证券公司，在那里我深刻明白了这一点。那里有一位非常友好的医生，他总是把所有的股市经验传授给我。他从最近购买的股票谈起，具体哪一只股票我记不清了，但是我永远忘不了他对该股票发行公司的高度评价：公司收入连续5年增长，产品质量状况良好，销售渠道畅通，财务状况良好，等等。

事实上，他对这只股票计划得很好，在20美元时买进，一段时间后股价会上涨至60美元，然后在这个高点卖出。他的逻辑很合理，也很有说服力。他确信自己买到了一只好股票，剩下的就是等着获利了。

可就在15分钟后，一位大的投资者开始抛售这只股票，这是一种下跌的信号，他开始皱眉头了。然后又有一个接一个的大投资者开始抛售这只股票。看到这种情况，这个医生立刻跑到他的经纪人那里，要求将他的这只股票全部卖出。

在不到30分钟的时间里，这个人从一个长期的、建设性的投资者变成一个短期投机者。这两种角色不能混淆。如果你根据基本面进行交易，那就盯着基本面，不要试图将其他的原则运用到你的投资决策中，也不能期望你能够在两种截然不同的思想和目标中游刃有余。

基督应该告诉过这个医生："医生，治愈你自己吧。"我想，如果基督给投机者或投资者任何市场提建议，那就应该是，"投机者，认识你自己吧。"

直到你认清楚了自己投资目标，你才知道如何玩转股市。这意味着你必须停下来想一下自己整个的生活。你有多少时间可以花在股市上？你想在股市上花多少时间？

此外，你有多少资金？如果你资金有限，你最好别做短期投资者。你能承受多大的精神压力？你现在的工作能否允许你随时了解市场行情？你是否能够接受保证金交易？你是否太紧张而不适合做一个"长期持有者"？

当你找出这些问题的答案的时候，你就能决定到底要在市场中扮演什么样的角色。

如何预测短期趋势

由于短期市场的不稳定性较大，因此预测短期市场非常困难。但是，仍然有一些交易工具能够准确预测出短期买卖时机。

这些工具只对短期交易者或有大量时间来密切关注市场行为的人有用。他们不一定是投机者，短期和长期的投资者也可以跟踪短期指数，以帮助自己发现最好的买卖时机。然而，总体上来说，普通投资者并不需要这些工具。

每年平均出现12次短期波动。因此，你做出的投资决策越多，你面临的风险就越大，犯错的机会就会越多。

我最喜欢的短期指标

在采取任何短期行动前，我一般要等到以下两种情形，尽量避免决策失误。这两种情形是：

1. 短期的超买超卖市场；
2. 动量指标发出趋势逆转信号。

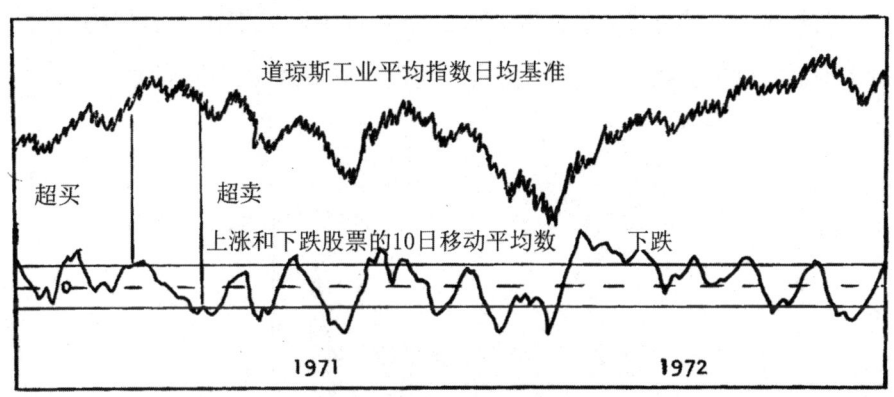

图 27 超买与超卖

如何分辨股市到达一个短期的超买/超卖点

当我开始提供短期市场时机选择咨询服务时，还没有其他机构提供此类服务。现在已经有很多家了，其中很多都是从参加我的研讨会开始的。所有人，也包括我自己，花费了很多时间想要发明一种完美的、包括所有短期市场时机选择的产品。经过我三年的研究，以及与其他人的交流，还曾被人勒索说出所谓的"秘密"，我终于明白根本就没有完美的短期市场时机选择工具。它们都有各自的缺点。事实上，依赖于一个完美的技术指标是你能做出来的最糟糕的事情。

这很像画画。对于世界上最拙劣的画家，即使给他是世界上最好的笔，他也很难做出一幅好画来。

关于市场时机，最重要的方面就是要知道市场目前的形势以及发展的趋势。如果缺少这样的知识，那就很容易和投资者犯同样的错误——急于

选股密码

买进或卖出。你的经纪人、顾问、朋友或"值得信赖"的报纸都可能告诉你股市超卖了,你可以买进了。但这是真的吗?他们是怎么知道的?你又怎么确定?

我认为,股市超卖/超卖的最佳信号来自于对以下两点的仔细研究,即上涨和下跌股票数量的 10 日移动平均数,以及对 10 日移动平均数的一个极好的度量工具——交易指数。

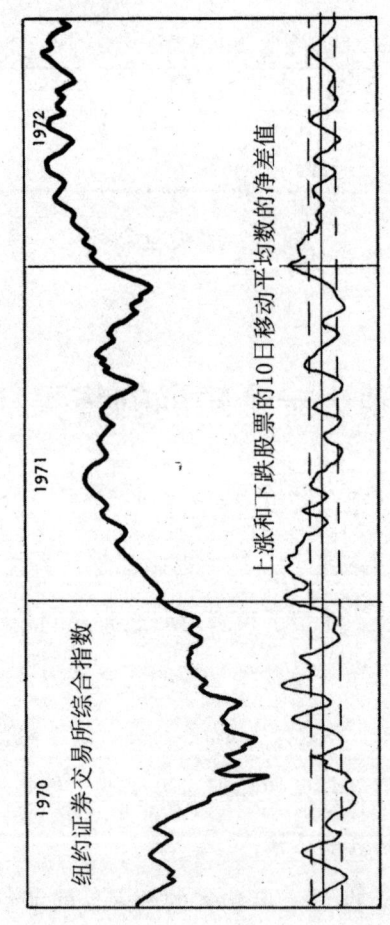

图 28　上涨和下跌股票的 10 日移动平均数的净差值

如图 28 所示,上涨股票和下跌股票的 10 日移动平均数的净差值在定

第五章　是否应该跟踪短中期趋势并如何跟踪

位市场逆转点时具有巨大的作用。这个指标是通过计算上涨股票的 10 日移动平均数和下跌股票的 10 日移动平均数之间的差额得出的。当上涨股票的 10 日移动平均数在两者中较大时，最终结果为正数，并高于零线。当下跌股票的 10 日移动平均数在两者中较大时，最终结果为负，并在零线的下方。

当这个指标下降到 2000 点以下时，就表明市场达到超卖点。当该指标上升超过 1000 点然后又下降到 1000 点以下时，就表明市场达到超买点。这个指标的唯一目的就是告诉我们在短期的基础上市场是否达到超买点或超卖点。

另一种辨别短期超买超卖区域的方法需要一点数学计算，但是效果更好一些。这种方法是利用交易指数，交易指数是指上涨下跌成交量之比除以上涨下跌股票数量之比。

该指标通过三步得出。首先，用上涨股票的数量除以下跌股票的数量，可以得出上涨下跌股票的数量比。其次，用上涨股票的成交量除以下跌股票的成交量，可以得出上涨下跌股票的成交量比。再次，用上涨下跌股票的成交量比除以上涨下跌股票数量比，即可得出交易指数。交易指数一般从 0.40 到 2.00 之间波动，数值较低时表示市场为牛市，数值较高时表示市场为熊市。每天收盘时我都会计算出一个这样的指数。当然，在超声波机上输入 STKS，然后点击成交量，或在邦克拉莫机上输入 MKDS，你就能得到这个指数，这样就会省掉很多计算。

最后，计算交易指数的 10 日移动平均数。这个数值一般会在 0.8 到 1.3 这个区域内上下波动。

当交易指数的 10 日移动平均数大于 0.99 时，表明市场达到短期超卖点；当交易指数的 10 日平均数小于 0.9 时，表示市场达到短期超买点。从图 28-A 可以看出交易指数的重要性。

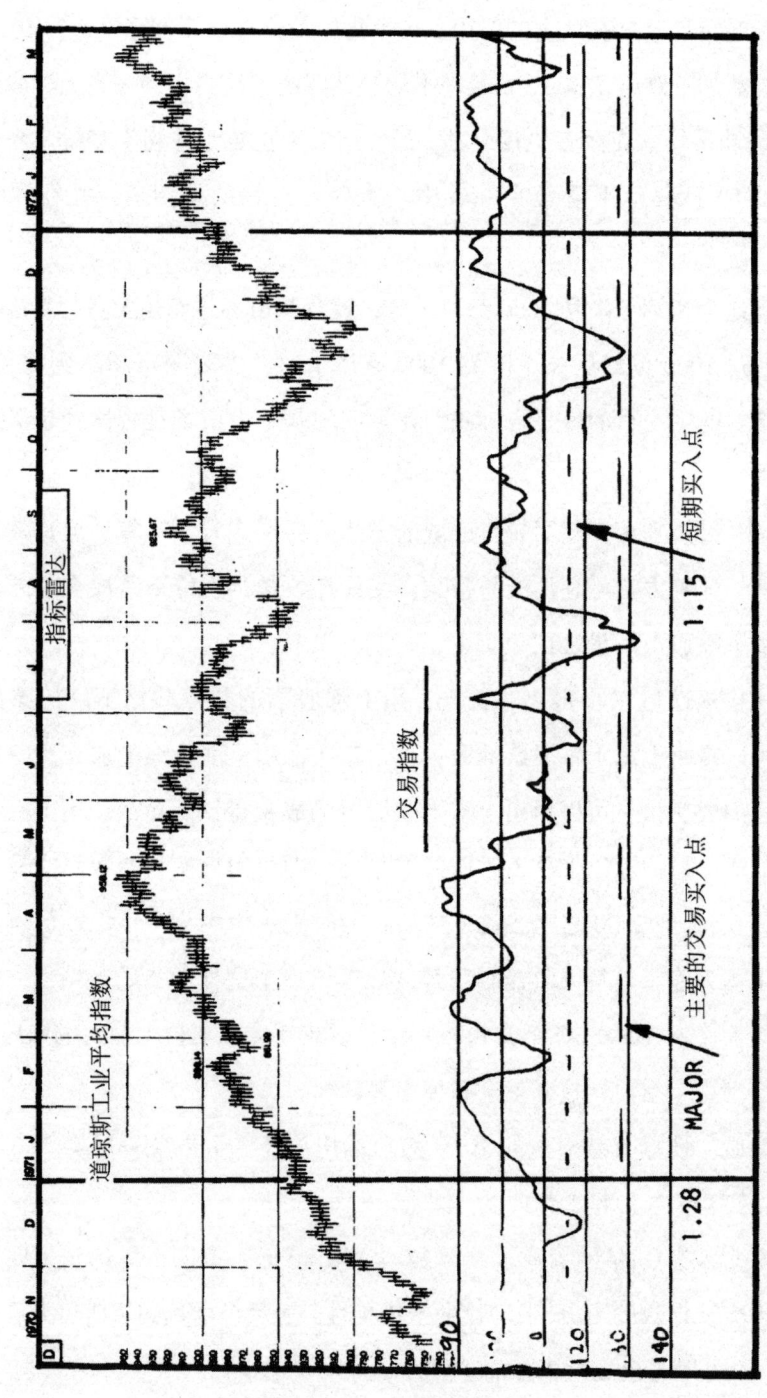

图 28-A 交易指数

何时采取行动

既然已经知道如何识别市场的短期超买超卖区,那就应该学会如何根据自己的买进/卖出信号系统来确定进入市场的最佳时机。

我的研究表明,进入短期市场的最佳时机就是当市场短期动量指标的发展趋势出现逆转的时候。这些研究表明,这些动量指标通常会在市场本身到达之前到达顶点或底部。与任何事物一样,这种动量指标也可能出现双面受损的情况。然而,当我们等到市场发出超买超卖信号时,大部分的双边受损就会消失,此时市场动量指标就会给出很好的时间信号。

关于动量指标的解释

不要被"动量指标"这个术语吓到,因为你已经知道如何构建动量指标了。上涨股票和下跌股票的10日净差额就是对市场动量的精确反应。这意味着上涨和下跌股票的10日波动量是否有时会发生逆转,即可判断出市场是否出现超买超卖的现象。其实就是这么简单。

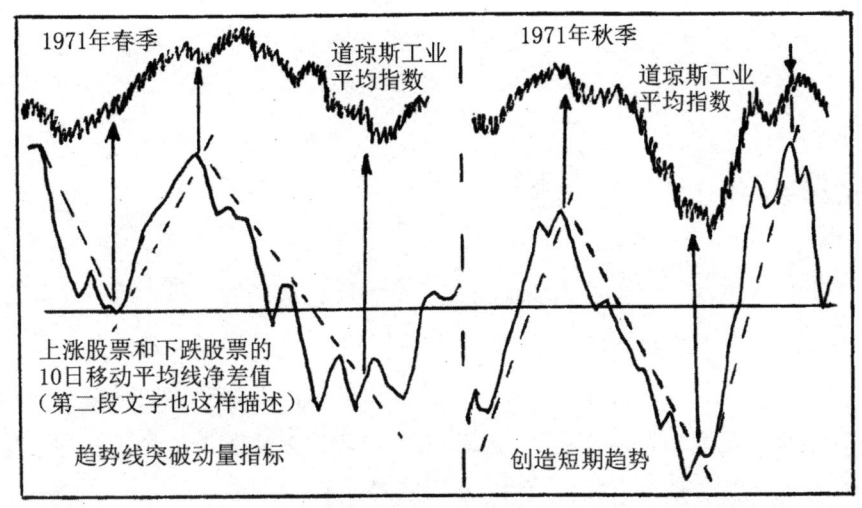

图29 动量指标

为了帮助你更好地理解这个概念，我将给出一些真实的市场时机选择的特写镜头，让你看到动量指标 10 日移动平均净差额在发现市场逆转时的作用。

如图 29 中的短期趋势所示，10 日交易指标向上或向下突破趋势线时，就给出了买进和卖出的信号。注意观察，即使在股市下跌时，10 日交易指标是如何频繁发出信号的，这也非常重要。当这个指标形成明确的趋势时，这种趋势一旦逆转，就会给出极佳的市场信号。

如何预测中期走势

预测中期走势是最简单的，因为一年之内只会出现两三次中期市场逆转的情况，与一年有大概十到十五次的短期市场逆转相比简单多了。你可以看出一些奇怪的力量在影响着中期市场趋势。我们可以用基本的阴阳原理来预测中期市场趋势，也可以利用其他一些市场时机选择工具来分辨什么时候市场达到了极高点或极低点。

要预测中期市场走势需要你连续地保持一定的数据，这些数据通常都是以周为基础的，但是你可能一年只能用到这些数据两次，所以有些人就会在没有等到信号的情况下过早买进或卖出。我本人就有这样的经验。

我最喜欢的中期指标

我已经发现了三个可靠地预测中期市场时机选择的工具。第一个衡量的是股票收益率和债券收益率之间的差额。第二个是遵循交易指数。第三个是根据超买和超卖指标。这三种工具都很好，但如果把他们结合在一起使用效果会更好。如果三种工具都发出了市场达到最高点或最低点的信号时，这时你就真的可以玩转股市了。

第五章 是否应该跟踪短中期趋势并如何跟踪

市场将走向何方？只有"走势"知道

我想介绍的第一个中期市场指标是被我称之为"走势"的指标，因为它能告诉我们中期市场将走向何方。事实上，它能提前10周告诉我们市场的走向。

这种无价的指标是通过计算本周的股票收益率与债券收益率的差额，以及5周前股票收益率与债券收益率的差额构建的。这些收益率的数据可以在《巴伦周刊》市场实验室板块的第三栏找到。

找出本周数值与五周前数值的差额。如果本周的数值大于五周前的数值，就得到一个正数，如果小于五周前的数值，就得到一个负数。像我们制作建仓/派发线一样，做出一条建仓线。如果本周的数值是正数，就加到这条建仓线上，如果是负数，就从建仓线上减去。每周做一次这样的计算。

然后将这个指标绘制到图纸上，我通常提前十周绘制。在图表中你可以看到，"走势"的趋势早于现实市场趋势。因此，我们可以看出市场将在何时达到顶点或底部。你还可以从图表中看出，"走势"对顶点或底部的预测非常准确。

当然，不要忘了当你看到"走势"达到顶点时，它实际是预测十周后市场将达到顶点。"走势"的顶点或底部并不与市场同时出现……它是早于市场走势的。

这是一个总体的指标，能够给出大多数中期市场走势的方向和时间的信号，对我们非常有帮助。

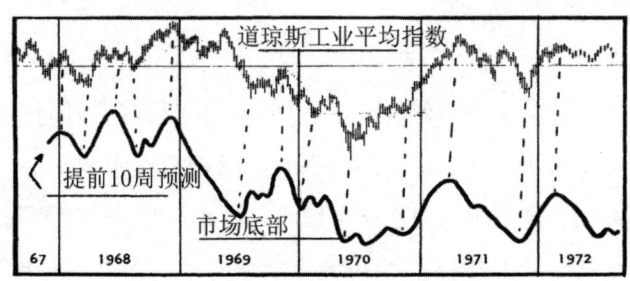

图30 道琼斯工业平均指数

阴阳逆转

"走势"能够提前预测出市场何时出现逆转。作为补充，你还需要其他工具来确认市场已经达到中期的超买超卖点。

我可以给你一些这样的指标。但是，这些指标只会扰乱你的思路，增加你的工作量。当然，这也是不必要的，尤其是我们可以使用交易指数的10日移动平均数来预测市场何时达到一些重要的中期超买超卖点。

一般来说，当10日交易指数下跌至130区域时就出现了中期市场将要触底的信号。

这种情况并不经常发生……但是一旦这种情况出现，尤其是当"走势"告诉你这次市场将发生逆转，呈现上涨势头时，你必须强迫自己买进普通股票。这两种指标的关系非常密切。

实际上中期顶点并不存在，所谓的中期顶点，要么是短期（前面已经讲过）的，要么是长期（将在下一章中讲到）的。你需要将注意力集中在具有以下条件的股票上：

1. 具有建仓的价格形态；
2. 在建仓/派发线上表现出明显的建仓形态。

你选择的股票应该在"走势"预示股市开始反弹的时候买进，同时10日交易指数超过130点，确认市场已经达到中期低点。

最后一个中期指标

如果你不想计算每天的数据，还有另外一种很好的中期指标能够帮助你发现中期买卖时机。这个指标由每周最活跃的股票组成，这些股票几乎在所有报纸的周日期刊中都会有所报道。它基本上是一个超买超卖指标。

将每周最活跃的上涨股票加起来，把每周最活跃的下跌股票加起来，比如说有17只上涨股票，3只下跌股票，那么净值为14；如果有6只股票

第五章　是否应该跟踪短中期趋势并如何跟踪

上涨，14只股票下跌，则净值为-12。每周做相同的运算，最后算出20只最活跃股票净值的三周移动平均数。

如图31中20只最活跃的股票所示，当三周移动平均数达到-30或更低时，就意味着好的买进时机已经到来。当这个指标低于-40时，意味着此时最重要的市场低点出现了，即使是在熊市，聪明的投资者会抵押掉他们的房子用来买进股票，因为一个中期反弹马上到来了。

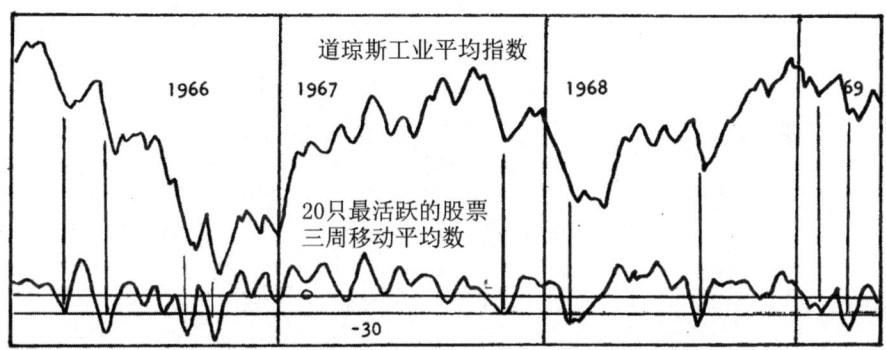

图31　道琼斯工业平均指数最活跃的20只股票的三周移动平均数

第六章
如何利用周期循环提高选股时机

第六章 如何利用周期循环提高选股时机

如何利用周期循环提高选股时机

多年来,华尔街一些非常聪明的人一直试图揭示股市周期循环的秘密。市场也有几个好的出版物,比较出名的是由周期循环研究基金会出版发行的《周期循环》,它对周期循环现象进行连续的报道。

这些人试图将所有的市场行为都归结为一到两个周期循环模式。在他们看来,一个完美的周期循环是由两个相同的运动组成的。正如图32所示,周期循环中上涨下跌的两条腿是等长的;更重要的是,周期的深度或大小与周期的长度相等,在一个完美的周期循环里总是这样的。也就是说,如果上个周期为22天,那么接下来的模式应该是对它的重复,即下个周期长度仍为22天。

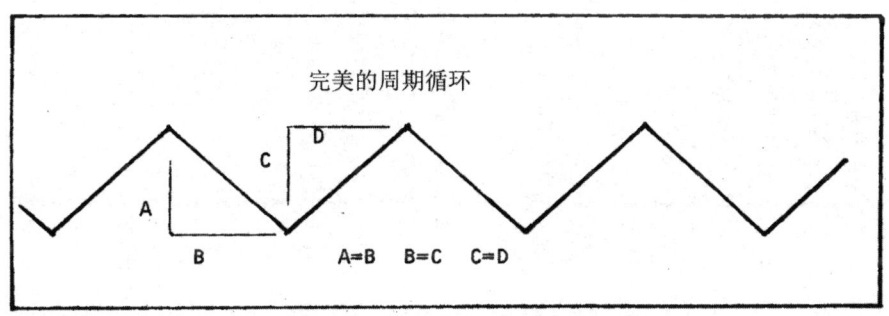

图32 完美的周期循环

上述方法非常好,除了一点,那就是股市上很少有完美的周期循环。他们一直对一个不完美的理论期望太高,我想这就是周期循环理论支持者一直错失良机的原因吧。股市或个股并不在同一个周期里循环,它们都有周期循环模式,这也就是市场循环周期行为的秘密所在。

识别个股交易模式的秘诀

我曾试图识别我所跟踪股票的周期循环模式。使用的方法很原始,就是简单地在图表中标出所有重要的低点出现的位置。

下一步就是测量两个低点之间的距离。通过测量发现，绝大部分低点之间的距离都相等。如果上次两个低点之间的距离为 27 天，那么我相信接下来距离最近低点的距离也将是 27 天。

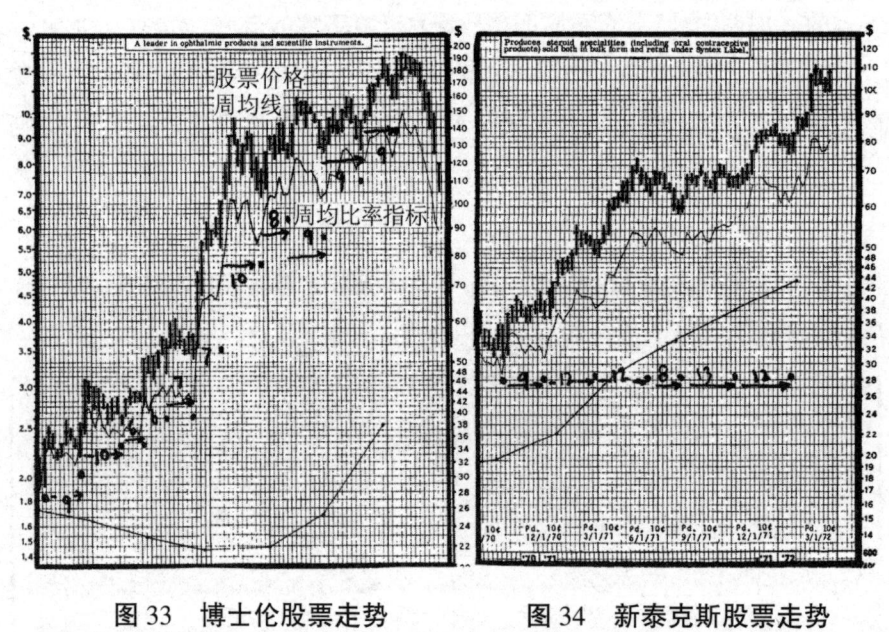

图 33　博士伦股票走势　　　　图 34　新泰克斯股票走势

在识别个股的循环模式研究中，我所有的电脑程序或其他研究形式都没有找出比测量两个低点的距离更好的方法。

一旦完成对低点之间距离的测量之后，你必须持续不断地更新你的数据，以观察周期是否在变化，同时还需要对由于股价异常上下波动产生的低点做出相应的调整。

图表对这个过程的展示比我说的更清楚。你需要记住，这种模式并不完美，一切都可能发生变化。周期形态的目的是调整你的买卖时机，防止你过早地买入某只股票。

第六章 如何利用周期循环提高选股时机

识别形态

在股票走势中有两种基本模式。一种由长期的价格上涨和短暂的价格下跌组成，另一种与这种模式相反，是由短暂的上涨和长期的下跌组成的。通常这两种基本模式在一只股票的多年价格走势中交替出现。

一些股票的走势呈现十分明显的周期性。伯勒斯公司股票就是一个很好的例子。该股票的价格运动模式非常明确，由10周的上升趋势加上4周的下降趋势组成。在这10周的上升阶段里又分为上升、下降、再上升，最后达到顶峰。同样，从图35中看要比语言叙述更容易理解。

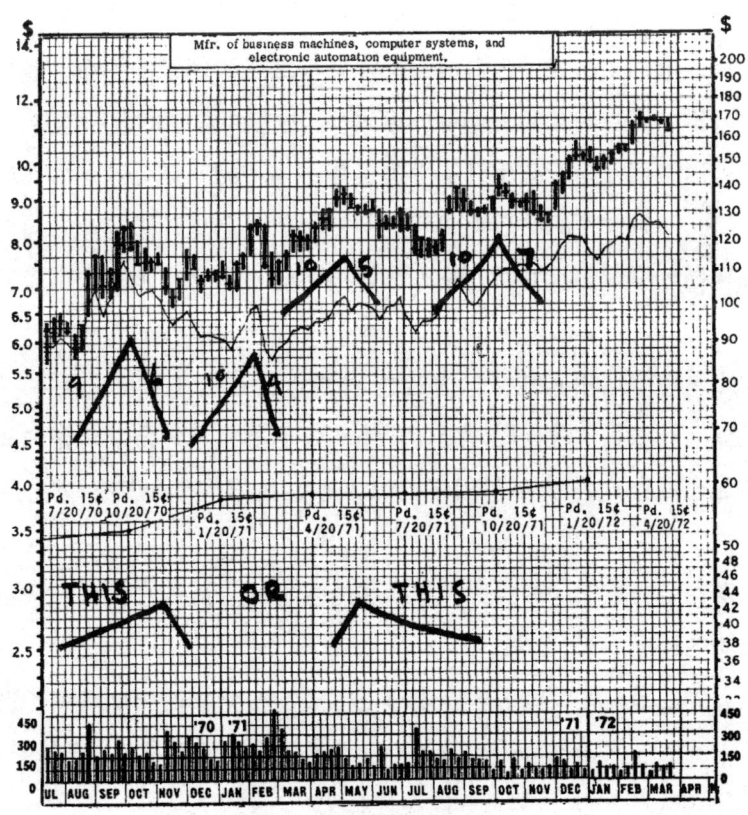

图35 伯勒斯股票走势图

如何使用这些信息

一旦认识到这些模式在影响着你的股票走势，你就通过以下方法来利用这些数据。如前文所讲，最基本的方法就是简单地在图表中做出标注，根据上一个低点出现的位置将周期进行延续，从而判断下一个低点将何时出现。这种方法预测低点效果比较好，但是预测高点效果却不是很好。这种方法能定位一些高点，但并不是所有的高点，其准确性比定位低点时要差一些。

衡量周期循环的动量指标

最近，市场上出现了几本帮助投资者跟踪股票周期的书籍。我读了一下，发现里面提供的信息是好的，但是方法太耗费时间，以至于价值不大。你可以看到，周期循环只是股票走势中很小的一部分。正如我所举的例子一样，一只股票的循环周期可能非常完美，但是如果专业的建仓行为不出现在循环周期拐点的话，该股票就很可能不出现反弹，或出现很小的反弹。

你必须持续地用其他工具来检验股票是否还处于正常的周期循环之中，是要上升还是下跌。周期循环现象本身不能快速地影响价格结构，它必须与建仓形态或派发形态相匹配时，才能根据周期循环来进行趋势的预测。

借助一定的数学计算，你就可以利用基本的周期信息来构建衡量周期循环强弱的指标。

这需要记录股票收盘价的变化率来完成。变化率的长度是基于循环周期计算出来的。比如循环周期为 22 天，那么你需要计算 11 天的变化率；假如循环周期为 50 天，那么你需要计算 25 天的变化率。

从交易日的最低点到下一个最低点的总天数为循环周期长度。衡量变

第六章 如何利用周期循环提高选股时机

化率需要从循环周期长度的1/2处计算。无论股票周期是处于上升还是下降阶段,这样计算都可以让你获利。因为动量指标明确显示了上升和下降阶段的发展,你可以实现短期利益的最大化。

当动量指标向上突破长期趋势线时,表明出现了买入信号;当动量指标下降跌破长期趋势线时,就表明出现了卖出信号。图36能够帮助你更好地理解动量指标,另外还需要注意一下图中使用的两个不同指标。纳托莫斯使用的是25日收盘价变化率,伯勒斯使用的是17日收盘价变化率。所以,所有股票都具有不同的周期模式。

为了防止你忘记,在这里再重复一遍。变化率是通过计算几日收盘价与若干天之前收盘价之间的差额得出的。价格差异,可能是正数也可能是负数,在图中表现为零线的上方或下方。具体可以从纳托莫斯和伯勒斯公司的变化率中看出。

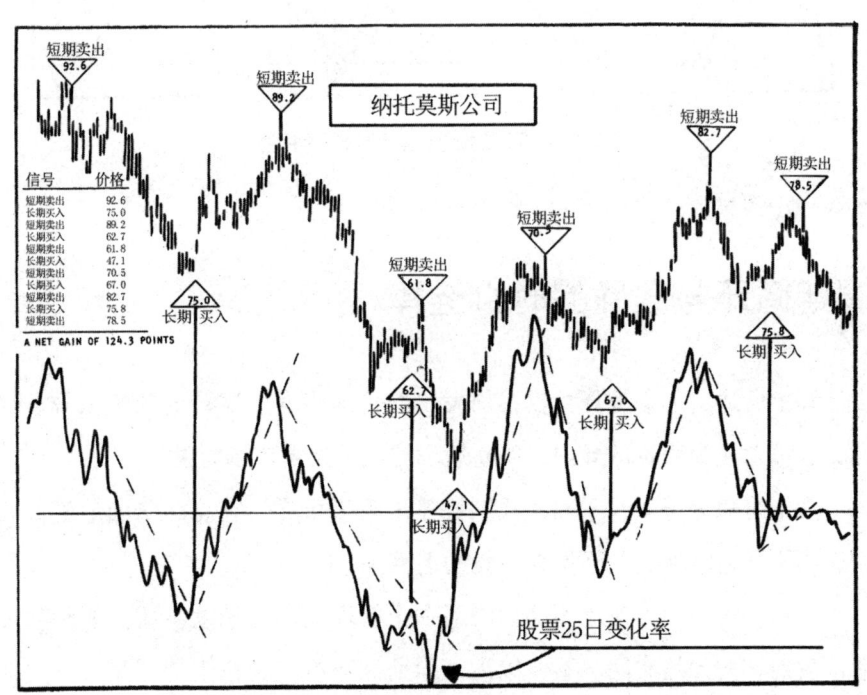

图36 纳托莫斯股票25日变化率

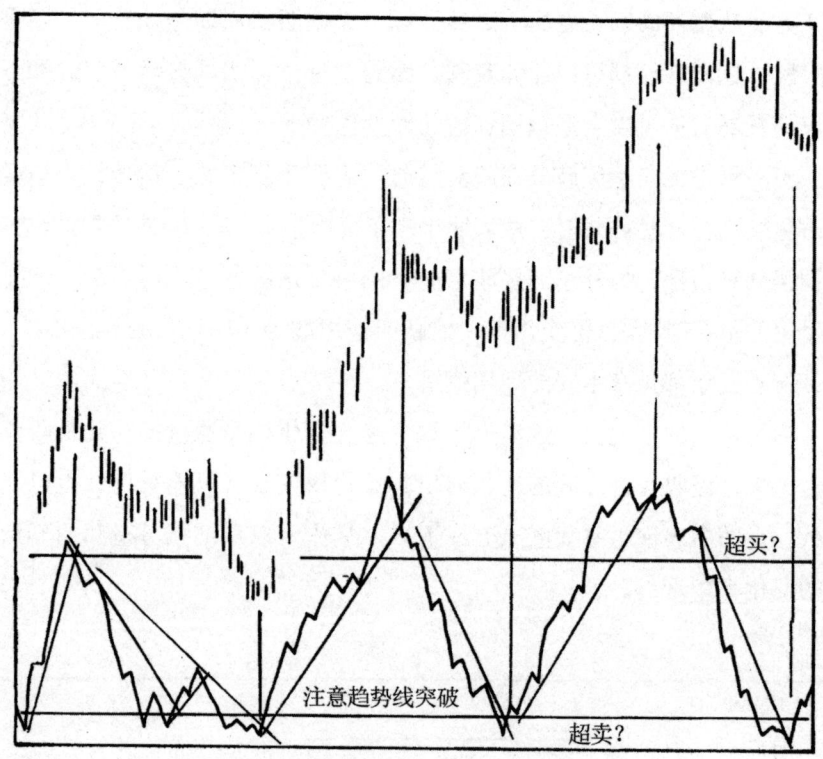

图 37 伯勒斯股票 17 日变化率

周期循环与准确的时机选择

综上所述，周期循环可以提前发出股价即将发生逆转的预警信号。因此，它可以作为投资的导向，防止我们错误地选择市场时机。

为了避免等待太长时间，我们构建了动量指标，它能够明确地告诉我们循环周期何时触底并开始新一轮的上涨。

当然，哪一种方法都不能预测下一个循环周期的长度，而只能预测市场出现逆转的大约时间。不要以为是周期循环决定价格走势，只有当周期循环与专业建仓和牛市处于同一阶段时，这时大规模资金才决定了价格走势。

第六章 如何利用周期循环提高选股时机

政治与股市

无论你对于白宫的权力感觉如何，无论是现在还是在未来的20年里，在总统任期与股市活动之间总有一些有趣的课题值得研究。

不知有人是否意识到，两者之间最明显的关系是总统的上任第一年都会导致股市下跌，大量的证据都可以证明这一点。

历史数据显示，每当新一任总统开始任期的第一年，股市相对于其他年份平均损失1.2%，并且这也是总统四年任期内股市最脆弱的一年。更重要的是，从1936年开始，基本上所有主要的熊市都发生在新总统上任后的第一年。

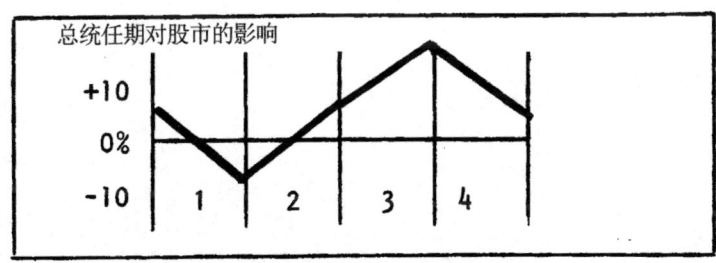

图38　总统任期对股市的影响

总统上任后的第二年，事情有所好转，股市表现出上升的趋势，在这一年内大约平均上涨8%。

总统任期的第三年，股市表现达到顶峰，这一年的平均收益超过16%。

总统任期的第四年也是最后一年，股市仍然呈现上涨趋势，但不如第二年及第三年更有潜力。

这张图表显示了总统任期对股市的影响。每当新一届总统上任时，相信你总会想起尼克松总统上任第一年股市所发生的灾难。

总统任期对股市影响的统计真实性很高。在任期第一年的统计数据中，9年中有5年的股市是下跌的。初次看到，可能觉得并没有表现出明显的熊市，但考虑到长时期的市场趋势是上升的，这5年的下降趋势就有一定的意义了。

在总统任期第三年的统计数据中，8届中有7届呈现出上涨趋势。其中这7届中6届的涨幅超过10%。这就意义十分重大了，应该成为你长期投资战略的一部分。

第七章
你必须知道的长期市场时机选择

第七章 你必须知道的长期市场时机选择

你必须知道的长期市场选择

正如我在前面所讲，你在股市的成功与失败取决于你选择正确股票和时机的能力。熊市中积极建仓的股票不可能暴涨，牛市中显示出大量派发的股票大多表现肯定偏弱，但很少会弱到产生短期卖空获利的空间。

因此，你要清楚我们现在是在牛市还是熊市，这一点非常重要。一旦你确定现在是熊市，你应该进行短期交易；如果你的分析显示市场处于主要的牛市走势中，你最好忘掉短期交易，专注于长期交易。

市场底部是什么样的——玫瑰就是玫瑰，而绝大多数的市场底部看起来也是相似的，但是相似性还不足以产生一种能够标志牛市到来的特定模式。然而，许多相似的情况会表示出牛市的开始……当这些情况大部分出现的时候，我们还是可以断定牛市马上就要到来。

大部分牛市的标志是卖出已经达到顶点。

如何识别卖出顶点

让我们来看一下经典的卖出顶点。尽管看起来很奇怪，但大多数的卖出顶点都只出现在两天内……并且这两天机会总是周一和周二。更有趣的是，这样的卖出顶点常常出现在月末。

这样的例子有很多，一些最近几年的周一、周二卖出顶点的例子如：1971 年 11 月 22 日、23 日；1971 年 8 月 8 日、9 日；1970 年 5 月 25 日、26 日；1969 年 7 月 28 日、29 日；1968 年 8 月 4 日、5 日；1968 年 3 月 4 日、5 日，以及教科书上所记载的 1966 年 10 月 3 日、4 日的周一、周二卖出顶点。

除了周一、周二这样的特征外，经典的卖出顶点还有其他容易识别的特点。我发明的一种识别卖出顶点的方法就是，牢牢记住卖出顶点总是出现在大幅下降趋势的末端。我的原则是，除非道琼斯工业平均指数至少下降100点，否则我不会断定任何一个可能的顶点就是真正的卖出顶点。在道琼斯工业平均指数下跌超过100点后，你才能期待卖出顶点的到来，否则还是要谨慎为好。

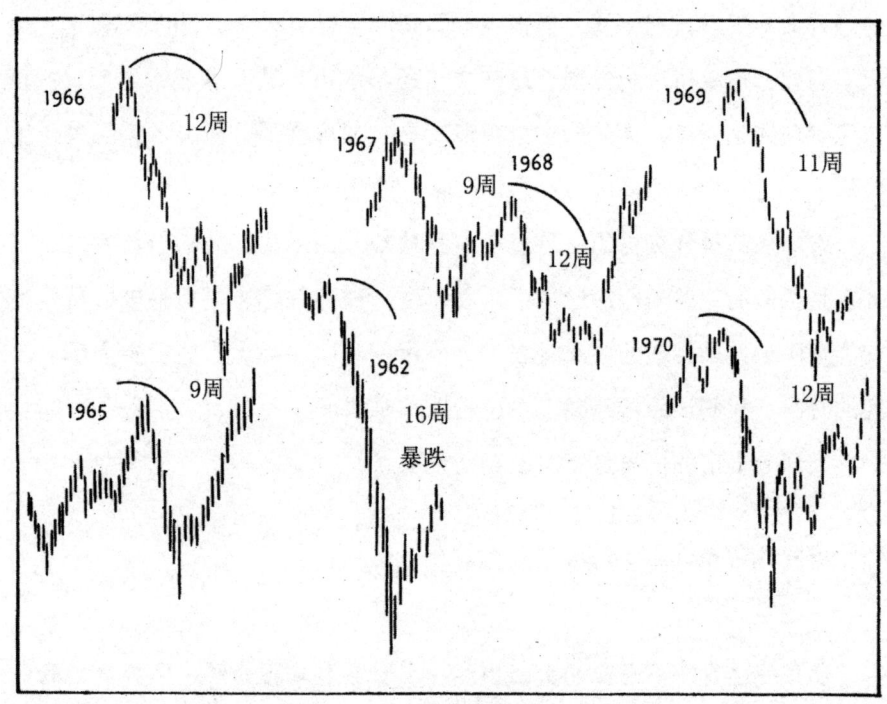

图39 卖出顶点

典型的卖出顶点的出现机制如下所述：市场已经经历了大规模的清盘，几周来大众媒体的主要话题都是市场没有能力反弹了。通常这种下跌的趋势已经持续了至少9周的时间，市场一片低迷。

一般在月末的周一或是下月初的周一，股市继续下跌，道琼斯指数又下降了大约15点。周二，股市跌破昨天的低点而成交量继续放大。

这些都表明股市要接近卖出顶点了，这时纽约证券交易所指数一般会下跌到700点以下。

第七章　你必须知道的长期市场时机选择

然后，尽管股价一直下跌，但就在那一刹那，市场反弹出现了，它聚集了很大的能量，但瞬间道琼斯指数只比前一天少了几个点而已。一个短暂的卖出高潮试图拉低股价，但是以失败告终，平均指数继续上涨，直到超出昨天的收盘价，收盘时价格稍微高出昨天的最高点或低于昨天最高点。

这就是一个完整的卖出顶点出现过程。它由两个暴跌的交易日组成。但在第二个交易日，股价迅速反弹，收盘价大幅上扬。也有一些同样的模式，即周二出现卖出顶点，反弹出现在周三，在周三股价收盘在一个较高的位置。

在典型的卖出顶点中还有几个有趣的点需要注意。首先，卖出顶点一般出现在图表分析专家所称的支撑点的位置，而一旦跌破支撑点，股价就会出现灾难性的下跌，从而下跌到更低的位置。

其次，在卖出浪潮开始后，至少要出现两个，理想的应该是三个短期反弹，但都以失败告终。真正的顶点反弹应该出现在这两个或三个反弹之后。

从市场顶部图中可以看出，在卖出浪潮开始后股价多次试图反弹，但都未成功。因此，当卖出顶点出现的时候，那些被"套牢"的人拒绝跟随这种股价的逆转，甚至还进行卖空操作，而消息灵通的投资者就接手了所有的股票。

市场顶部是什么样的——市场底部都是以巨大的卖出顶点为标志的，它瞬间将长期趋势由熊市扭转为牛市，而市场顶部形成所需要的时间更长一些。正因为如此，我套用一句谚语来概括长期市场时机选择的特点：

"熊市入牛市快，牛市入熊市慢。"

就其在市场顶部图中的表现形式而言，市场顶部主要有以下两种形式。第一种我叫做"停和走"顶点，第二种叫"双重顶"。

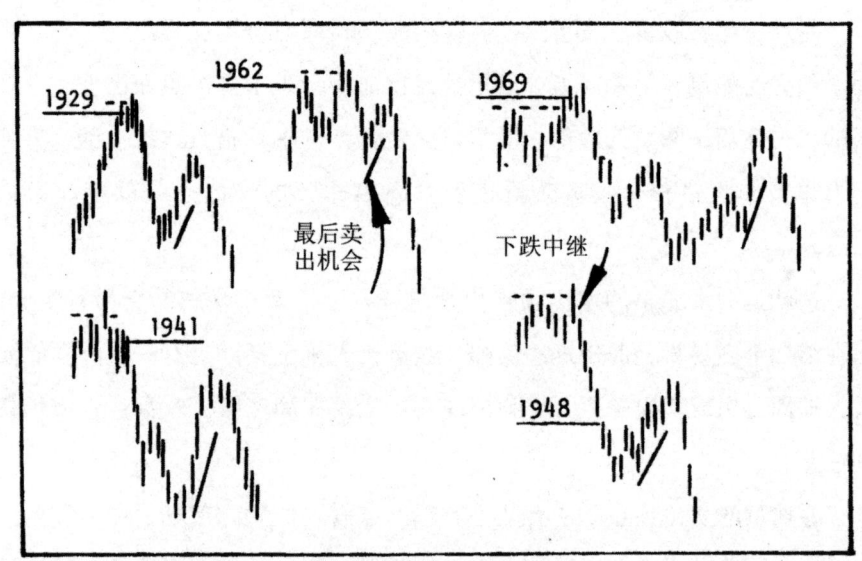

图40 市场顶部图

"停和走"顶点有一定的迷惑性,尤其对于图表分析专家来说。它的模式是在过去的12个月里股价一直强力反弹,然后一个非常强劲的反弹提高了所有股票的价格,也给股票持有者带来巨额的利润,或者说他们的股票结算单上显示获得了巨额的利润。这时会出现一个短暂的下跌,以及一个快速的回升并突破之前的高点。对于初入股市的新手来说,他就好像突然找到了一个赚钱机器一样。到处都是牛市,因为股价不断上涨至新的高点,仅有的熊市也消失了。

接下来在一个明亮清爽的早晨,通常是在周四,股价开始新一轮上涨,但是却没有保持住之前的水平。第二天,也就是周五,股价"奇怪"的下跌了。等到下周一收盘的时候,无论是平均指数还是几乎所有的个股,都出现了大幅的下跌。

股市顶部非常难以确认。一部分是因为顶部持续的时间较长;另一部分原因是股价达到新高时就会出现一个新的顶部。按理说,当股价达到新高时,它通常会产生一个更高的价格,很难转向熊市。但是,研究一些主要的股市顶部发现,他们通常都在突破一个新高点后出现。

第七章 你必须知道的长期市场时机选择

即使你错过了真正的市场顶部，在受到重大损失之前你还有一次逃离市场机会。这个最后全身而退的机会大约出现在市场顶部形成的 3 个月之后。该模式主要表现为股价从市场顶部下跌了 1 个半月后，一个短期的反弹开始出现，这时很多人误以为这是新一轮牛市的开始，其实不是。这只是股价向原始高点反弹过程中你最后的抛售机会。

当然，这次反弹很少能达到原来的高点，严格的讲这只是一个伪反弹，可以通过以下方式识别：①日上涨下跌线表现较弱；②股价接近其 200 日移动平均线时出现很强的阻力；③随着反弹出现，交易所里卖出的规模越来越大。

这种"最后的逃离"反弹通常在周一结束，随着开盘价高于上周五，并且在开始的两三个小时股价会有一定程度的上升。但是突然之间，卖方进入迫使股价下跌，以低于昨天的收盘价而结束。

观察图中的"最后的逃离"这个反弹，它通常会达到原始高点的一半。

定位市场顶部的两个基本指标——在某种程度上，基本指标能够帮助我们判断股票什么时候被高估或低估，基本趋势的改变是不可避免的。我所谈论的基本指标是标准普尔 500 收益率和货币供应量年变化率。

如第一章中所讲，股票收益率在分辨股票是否被高估中发挥着巨大的作用，对市场平均指数来说同样作用巨大。问题在于，最近几年我们应该参考哪个平均指数。道琼斯工业平均指数比较稳定，因此它的收益率要高于波动性更大的标准普尔 500 指数。

就我个人而言，我更倾向于标准普尔 500 指数，毕竟道琼斯工业平均指数只包括 30 只股票，范围过小。

根据经验，当标准普尔 500 收益率下降低于 2.8% 时，熊市随时可能发生。当然，这不意味着当收益率低于 2.8% 时就会出现熊市，但也说明现在离熊市的到来不远了。

自从 20 世纪初期开始，当标准普尔 500 的收益率或类似指标低于

2.8%时,大部分情况下会出现熊市。因此,只要发现收益率达到2.8%这个区域,你就必须谨慎了。

不幸的是,相对于市场顶部来说,收益率信息在市场底部时帮助不大。收益率只是一个单边指标,其主要目的是识别卖出时机而不是买进时机。

多少货币供应能对你有所帮助——为刺激或稳定经济,美联储会改变流通中货币数量增长率。具体方式有很多,其中最常见的是通过影响通货与活期存款之和来实现。

根据我所做的研究,我不赞同美联储的做法。第一,货币供应学派的支持者和追随者已经错过了一些重要的市场顶部和底部;第二,我的货币供应数据显示,几次货币供应迅速扩张的同时股价持续下跌。1929年的经济危机就是其中的一次。

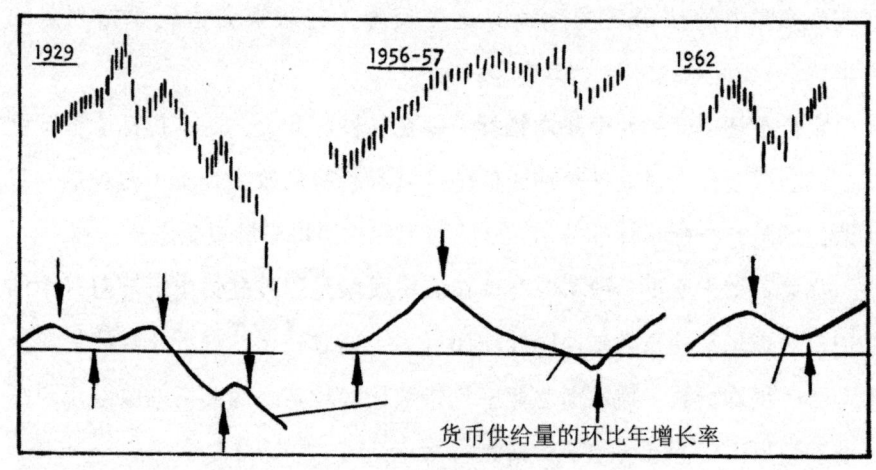

图41 货币供给量与股价

通常情况下,货币供应量会在股市达到顶部或底部之前到达顶部或底部。这里关键的一点是需要决定究竟提前了多长时间。

货币供应量指标没有预测出1962年的熊市,因为当时的货币供应量只是在股市下跌的同时发生了极小幅度的下降,几乎没有质的变化。但是,

第七章 你必须知道的长期市场时机选择

大多数货币供应学派的支持者却说,货币供应量提前 12~16 个月预测出了股市的顶点。

在我看来,对一个变量来说,12~16 个月的预测时间未免太长了些。因此,我用一种稍微不同的方法来对待货币供应指标。我的方法类似于观察各个长期指标。每个月我都记录下来有多少个指标是看涨的,多少个是看跌的,如果大多数都看涨的话,那我对股票市场也看涨。反之亦然。

因此,货币供应量只是一个用来观察和记录的指标。无论它表现为正还是为负,它只是暗示了未来市场的发展趋势,但并不代表着趋势会立即发生逆转。

当货币供应量年变化率变成负数时(第六章介绍了如何计算变化率),我会立即谨慎起来。当货币供应量的年变化率变为正数时,我开始对股市看涨,但是并不急于买进所有的股票,因为货币供应量通常会早于股市 3~6 个月到达底部。

在我看来,货币供应量并不是一个好的预测指标。它的作用充其量不过是有助于识别经济是处于增长阶段还是紧缩阶段,而经济形势则会在未来某一时刻对股市产生一定影响。它并不能准确地判断市场走势,而只是对未来市场走势的一点提示。

定位市场顶部的三个技术指标——不得不承认,预测市场顶部是一项非常艰巨的任务,但也有一些指标能让这个过程变得简单一些。总体上来讲,在定位市场顶部或底部时,相对于基本指标,我还是认为技术指标的效果更好一些。

长期指标对于定位市场顶部更有效果,因为长期指标反映了大量的公众参与,并且资金的短缺会对股市产生明确的影响。在这里,我要介绍三种长期指标。

如果只有一个长期指标可用的话,我一定选择月空头头寸总额的年变化率。

我首先要说明的是,这个指标并不是我的发明。它是由极富创新能力、来自于加利福尼亚州的罗伊·克里斯丁博士创立的。克里斯丁博士发现当月空头头寸总额的年变化率由正数变为负数时，就给出了很好的卖出信号。当月空头头寸总额的年变化率由负数变为正数时，表明出现了很好的长期买入信号。

这个指标非常有效，因为它反映了什么时候大部分人对股市看跌，以及什么时候大部分人对股市看涨。月空头头寸大致反映了市场上的卖空规模。当卖空规模很大时，即月空头头寸总额的年变化率为正时，表明到了长期买入的时机。这是一个相反的指标，它告诉我们大多数人在做什么，所以我们要进行相反方向的操作。

大约在每个月的20号，纽约证券交易所都会公布空头头寸。我不使用卖空比例，而是使用空头头寸总额。

文中的长期图表显示，在过去的31年的股票市场历史中，这个指标是多么有效。通常，他都能对牛市或熊市做出很好的预测。

另一种预测股市的方法是关注共同基金的活动。既然是有影响力的投资者首先看到这些数据，那么有一件事情就很明确：当共同基金持有的现金规模较小时，股市就会下跌，直到基金持有的现金规模较大时，股市就会上涨。

这种方法的窍门就在于现金规模的大与小。但问题是由于涉及的参数较多，很难确定现金规模大小的标准。首先，基金一直都面临着赎回的问题，基金份额持有人的赎回行为会引起现金的流出，另外，新的申购行为也会引起现金的流入。我们可以计算出基金的月现金头寸与总资产之比，其结果表示基金将多大比例的资金用于投资。

为修正这些数据，我首先对基金赎回额的12个月移动总和与最近一个月的现金头寸进行比较，然后再对基金持有的现金规模与基金的总资产进行比较。当基金赎回额的12个月移动总和超过月现金头寸，并且现金资产比少于5%时，表明出现了卖出信号。

为真切感受一下这些指标的准确性，你可以仔细研究图41中所显示的

第七章 你必须知道的长期市场时机选择

过去 31 年的真实买卖信号。

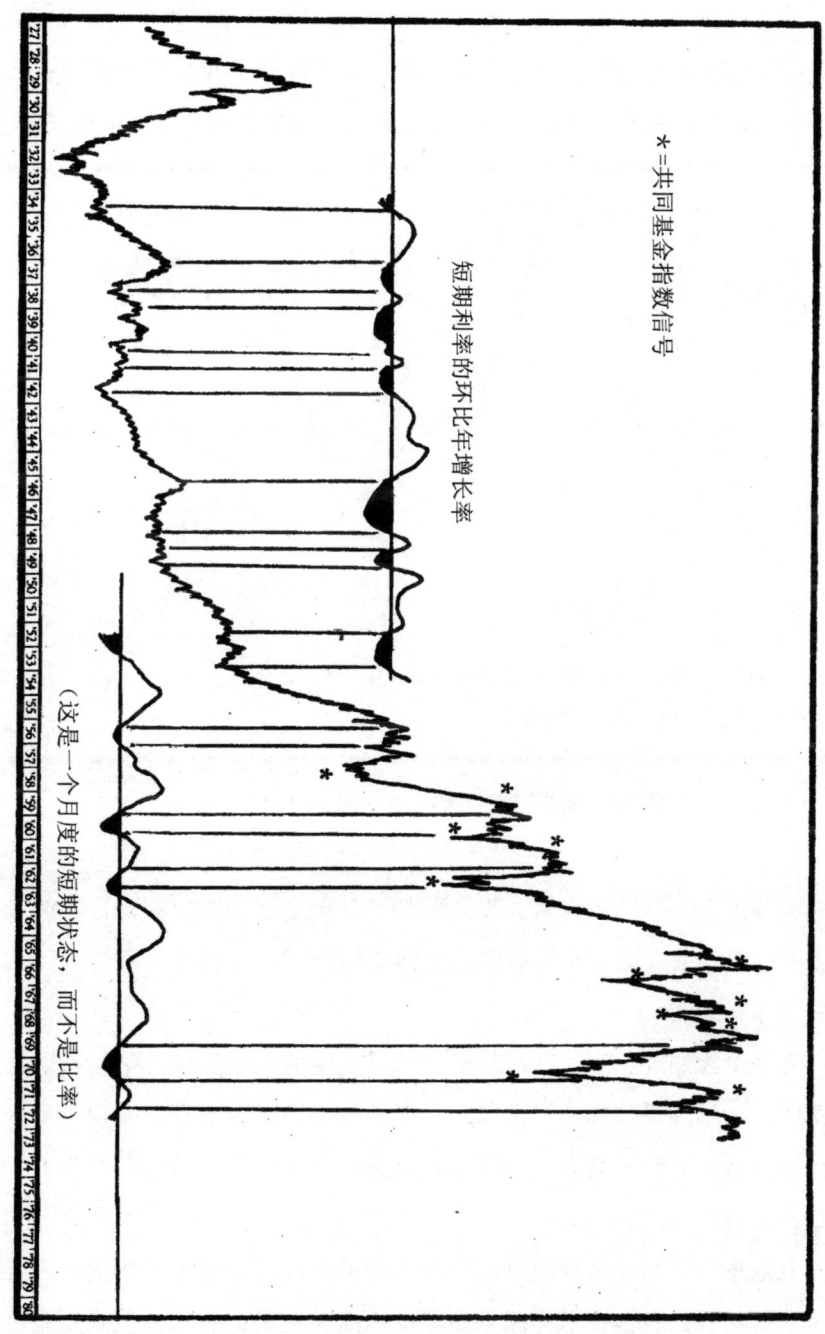

图 42 道琼斯工业平均指数

第三种技术信号表示当上涨下跌线与道琼斯工业平均指数不一致时，表明股价即将发生逆转。这里的不一致是指道琼斯工业平均指数的走势达到一个牛市的新高点，而日、周上涨下跌线却没能达到一个相似的高度。

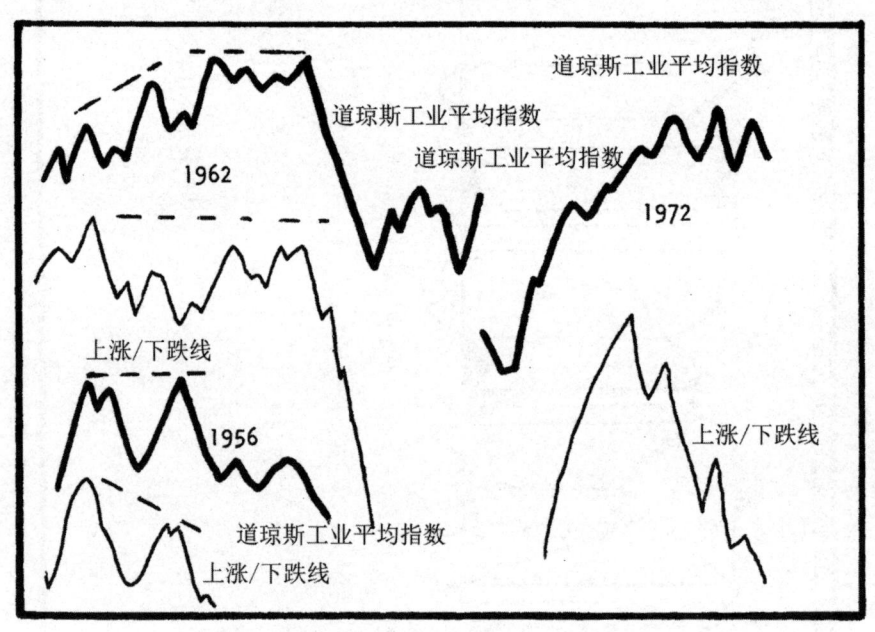

图43　道琼斯工业平均指数及上涨下跌线

构建上涨下跌线很容易。你只需要将今天上涨的股票加到这条线或基数上并从中减去今天下降的股票。这样就构建了一条代表了股市上所有交易股票走势的线。

几乎毫无例外，当这种衡量整个股市宽度的无价指标与平均指数出现背离时，市场几乎都达到了顶点。它表示当平均指数的良好表现吸引着更多的投资者买入时，其实只有几只股票势头强劲，而大部分股票都处于专业派发过程中。

在这里，我举几个有关市场顶部的例子来证明上涨下跌线的可靠性有多强。即使我的其他技术指标或基础指标都显示股市看涨，但只要是上涨下跌线和平均指数出现了背离，熊市必然会随之而来。

第七章 你必须知道的长期市场时机选择

但是，这个指标不能用于定位主要的市场底部，因为当市场触底时，上涨下跌线和平均指数背离的情况很少出现。

如何预测市场底部——我已经成功地找到预测市场底部的方法，你也可以做到。定位市场底部并不像定位市场顶部那么难。当所选指标对股市看涨时，并且同时出现了卖出顶点时，就表明市场已经触底，这时你就可以进行大量买进了。

除了货币供应量和各种利率走势外，我认为基本指标并不能识别出股市是否已经触底。这可能是因为基础指标或经济指标通常每月或每个季度才公布一次，因此具有一定的滞后性。并且，我们不能忘了股市本身就是经济的领先指标。因此，如果说宏观经济不能预测出本身提前于股票市场，应该不存在任何争议。

预测市场底部的四个指标——前文已经介绍过月空头头寸总额的年变化率，它在定位市场顶部和定位市场底部时效果极佳。它的预测历史记录一直很好。但在1970年10月份，它发出了买进的信号，但实际的市场低点出现在几个月之后。它在1949年、1960年和1962年的优秀表现足以弥补这次失误。一般来讲，当月空头头寸的年变化率为正数时，它就给出了买进的信号。

另一种非常有价值的感性指标是衡量纽约证券交易所会员卖空交易的情况。这些卖空交易者代表了华尔街最狡猾、最谨慎的一群人，他们聪明且消息灵通，而且持有大量的资金。他们几乎不会错过任何重要的市场转折点。

我们可以通过计算由场内交易人、专业投资者以及其他场外会员所做的卖空交易的总和来获得卖空交易数据。在这里，我向股市初学者推荐我好朋友沃利·海拜在这方面的著作《新动态综合法》。通常每周四的《华尔街日报》都会发布卖空交易数据。当计算出会员卖空交易总额后，用它除以市场上的卖空交易总额，这样便会得到会员卖空率。

当会员卖空率下降到65%以下后，表示市场即将触底；当会员卖空率一路下跌至55%时，你就可以忽略那些止损点，抵押掉你的房子去贷款买进股票。历史记录表明，这些人是股市里获利最多的交易者，因此学会跟踪这些交易者也非常必要。

我前文已经讲过，正如长期图表显示，共同基金指数方法在预测市场买进点时效果非常好。

利用共同基金指数来预测主要的市场买进点，其必要条件之一就是，基金的现金数量必须足够多，一般来讲，现金资产比率至少要达到7%。其二，现金的储备总量至少必须是12个月赎回总量的120%，这个数据可以由基金现金储备额除以12个月总赎回额得到。一旦这个值超过120%，牛市应该会很快到来。

共同基金的数据每月都会由美国共同基金协会发布，并公布在《华尔街日报》、《巴伦周刊》和其他金融杂志上。

另外一种预测市场底部的有效指标是由经纪公司提供的增发股票次数，这个数据1960年以后才开始出现。增发是发行公司卖出更多股票的要约。换句话说，内部人士试图将公司股票抛售出去。你可能会猜测到，大量的增发对股票市场来说应该是意味着一场灾难。但问题是，大规模的增发很可能是提前于真正的市场高点出现的。

为衡量增发行为，我根据《巴伦周刊》每周公布的增发数据，计算出4周的增发次数的移动总量。当4周的移动总和低于5时，你有必要做好市场爆发的准备，因为牛市在几周后就会到来。

像其他在这一章提到过的指标一样，它也不会一两周就出现一次。根据市场状况不同，这些长时期的指标可能在接下来的两三年时间里才发出一次信号。

由于上述这些原因，当这些信号真正出现的时候，一些跟踪这些指标的人反而不行动了，更糟的是，他们试着对这些指标进行第二次猜测，跳过真正的信号提前投资。请千万不要这样做，一定要等到真正的信号出现时再进行投资。毕竟，你不能告诉市场或指标将要发生什么。

我再一次提醒，这里我给出的任何一个指标，无论它的历史表现有多好，都不要只依赖于一种。我更希望你能够跟踪所有的这些指标，在买进之前等到明确的信号，即大部分的指标都显示出牛市的特征。同样，当超过50%的指标呈现出熊市特征时，才出现了熊市的顶点。当这一切都出现

第七章 你必须知道的长期市场时机选择

时,你可以安全地进入卖空市场,卖出你所有的多头头寸。

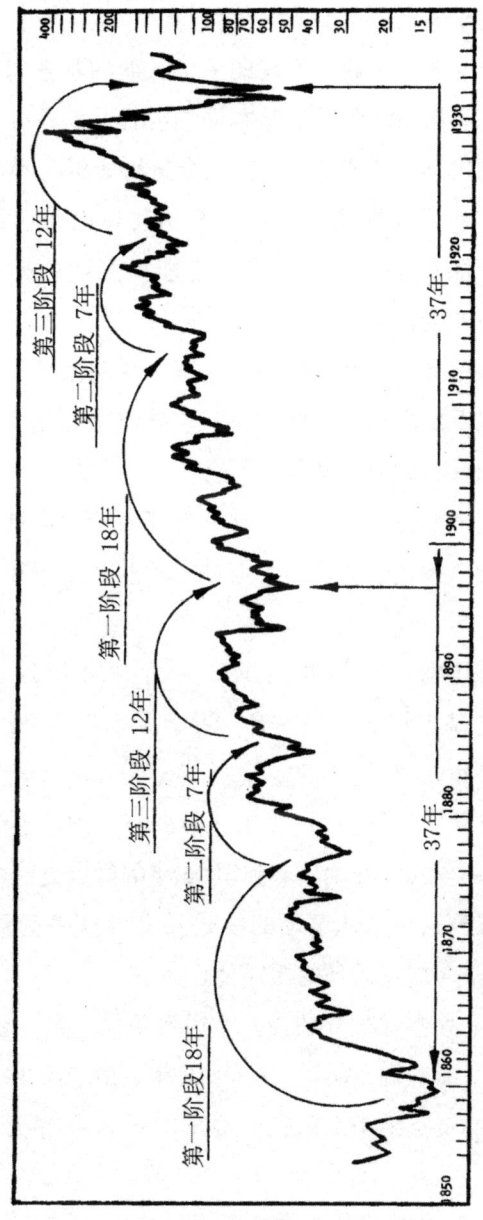

图 44 威廉姆斯股市基本周期循环图

股市基本的周期模式——很多分析家认为股市中存在某种基本的周期

模式，我同意这种观点。我倾向于同意这种观点是因为，我们可以利用这些长期的基本周期模式在股市交易中获利。

下面我给大家介绍一个我所发现的一个长期的基本周期模式，这是我所见到过的最好的长期市场走势的基本周期模式。但这并不意味着看到这个周期模式所预测出的高点或低点，我就会急切地买进或卖出股票。

相反，我坚信如果周期循环的因素开始表现出市场顶点或底部的特征，那么我的技术指标和基本指标肯定也能预测到这种市场的逆转。那么，只有这时，我才会进入市场。

我真心地希望你能把"威廉姆斯股市基本周期循环图"作为一张路线图来看，从中可以看出市场的发展方向。它的作用就在于告诉你长期内股市会在什么时候向什么方向运动。

就像四季和生命的轮回一样，所有可观察的行为均具有一定的循环形态。股市更是如此。我坚信精确的股市基本周期一定存在，它就在那里等着你去研究。

基本周期形态识别——上述图表反映了从1854年到1896年埃克斯豪顿股价平均指数的基本情况。乍一看，可能看不出什么，但是仔细观察，可以看到周期循环正在形成。

这个模式非常简单。股市每37年就会循环一次。换句话说，1859年的低点是37年循环模式的开始，直到1896年的低点为一个周期的结束。

稍后，你会发现这个周期循环的模式几乎可以用精确来形容。现在，先让我来将上述37年周期循环的模式分解一下。

这个37年的周期模式被分解为三个循环阶段。第一阶段从1859年的低点开始，到1877年的低点结束，持续18年。第二阶段从1877年的低点开始，到1884年的低点结束。第三个阶段，从1884年开始，一直持续到1896年为止。

第一个阶段（从开始到结束或从低点到低点）持续了18年，第二阶段持续了7年，最后一个阶段持续了12年，加起来总共37年。

此外，第一阶段经过14年从开始到达顶点，经过4年下跌至1877年的低点。第二阶段到达顶点用了5年，两年后又进入熊市。第三阶段用了

第七章　你必须知道的长期市场时机选择

8年达到顶点，4年后熊市开始。

在继续进行之前，首先让我从持续时间、价格形态和总体架构方面对上述三个阶段进行分析。在这之后，你可以用过去115年的历史数据来验证或推翻我的周期模式理论。

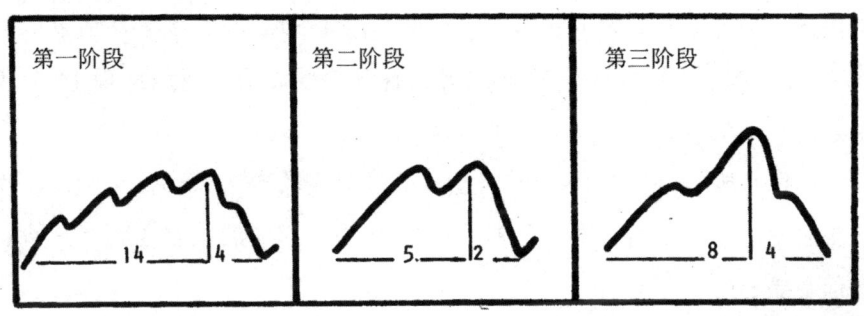

图45　周期模式理论的三个阶段

第一阶段——这是37年周期模式里的第一个阶段。注意在这14年的上升趋势中共有4次上升的波浪。

在第14年，为期4年的熊市开始，直到这个阶段结束。

从起点开始，重要的市场低点分别出现在第6年、第12年和第15年。从上一轮37年循环的最后一个阶段的最后一个高点开始，重要的市场高点分别出现在第7年、第11年和第17年。

第二阶段——这是三个阶段中时间最短的一个阶段，同样也是价格结构最简单的一个阶段。

第二个阶段开始5年后市场达到顶点，开始7年后市场达到最低点。

这种模式叫做"5年涨势"，它由两个上升阶段和一个干扰下降阶段组成。从这个高点开始，大约两年后熊市开始。

第三阶段——这是37年周期模式里第三个阶段也是最后一个阶段。从该阶段开始到高点时间是8年，从这个高点4年的熊市拉开序幕，同时37年的周期模式也开始再次终结。

第三个阶段开始8年后，股市达到顶点，随后产生大量的崩盘。

第三个阶段的例子主要有1884年到1892年的上涨走势、1921年到

1929 年的上涨走势、1958 年到 1966 年的上涨走势。

如果我的整个周期理论的有效的话，那么在我们找出自 1859 年到 1896 年间的第一个 37 年周期循环的所有顶点和底点后，我们应该还能发现一系列的市场顶点和底点落在相应的 37 年循环当中。在 37 年的周期循环模式中共有 7 处重要的转折点，因此，自 1859—1896 年循环结束后的 76 年间，经历了大约两轮 37 年循环，在理想状态下，应该出现 14 个转折点。

如果我能"碰到"11 个转折点，就说明我的方法 80% 是正确的。我这里的"碰到"是指从第一个 37 年的循环中，相应的顶点或底点开始的任何主要走势。

查看历史数据——第一个阶段开始于 1859 年，如果我的周期理论成立，那么每隔 37 年应该就会产生一个类似的低点。

因此，我们把 37 加到 1859 年上，便得到 1896 年会产生一个市场低点。在这个基础上再加上 37，便到了 1933 年，实际上正是在 1933 年上涨下跌线结束了其自 1929 年爆发的熊市。在 1933 年的基础上再加上 37 就到了 1970 年……这又"碰上"了并且是一个完美的预测。下一个相似的低点应该是出现在 2007 年。

我们原始周期循环模式的高点出现在 1872 年，所以在这个基础上加上 37 年，股市确实达到了一个重要的高点！接下来在 1909 年的基础上加上 37 年到达 1946 年，股市同样达到高点，这时出现了绝好的卖出时机。

我们的下一个参考点是原始模式 1877 年的低点，因此 1877 + 37 = 1914，出现了重要的市场低点。再加上 37，我们到达了 1951 年。这是唯一与模型不符的情况。实际上，市场在 1949 年末 1950 年初出现了低点，虽然与模型不符，但是已经相当接近了。下一个低点将在 1951 + 37 = 1988 年出现。

第二阶段的高点出现于 1882 年，加上 37 年后，预测下一个牛市顶点将于 1919 年出现。再加上 37 年得到 1956 年，这一年是接下来一年半熊市的起点。下一个的市场高点应该会在 1993 年出现。

第七章 你必须知道的长期市场时机选择

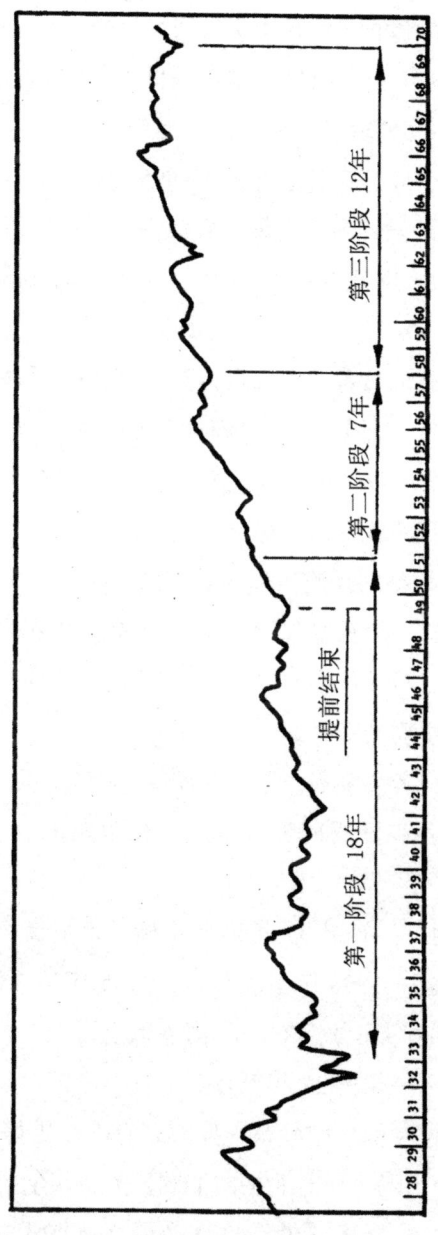

图46 道琼斯工业平均指数

1884年,第二阶段结束,第三阶段开始。我们还有必要重复一下,在1884年基础上加上37,预计于1921年将出现市场低点。市场低点真的出现了吗？答案是股市触底并且开始了为期 8 年的牛市！在 1921 年的基础上加上 37，预测 1958 年会出现另一个市场低点，实际上另一个 8 年牛市由此开始，到 1966 年道琼斯工业平均指数已经达到 1000 点之高。根据该理论，我们预测下一个市场低点将出现在 1995 年。

1892 年第三个阶段的高点出现，股市进入了一个吞没一切的熊市。在 1892 年的基础上加上 37 正好是 1929 年，经济危机大爆发的那一年。1929 年再加上 37 就是 1966 年。

对于可能出现的市场高点或低点，其中有 13 个与模型预测完全相符。要记得，我们在判断"碰到"时的标准非常严格，而不是像其他一些学者，在进行长期预测时如果误差在两年之内，他们就十分满足了。如果是以这个标准来算，我的所有预测都是准确的，因为：

37 年基本周期循环在预测市场高点和低点时具有 93% 的准确性。

如果有人想要进一步获取我所称作的"威廉姆斯 37 年基本周期模式"数据的话，我建议你对平均指数的 37 年循环进行研究。数据就在那里。这一章我只是介绍了主要的几个。

周期循环的研究者会发现，很多周期循环都会落入 37 年循环之中。事实上，最常见的市场循环周期为 18 年、7 年以及 12 年，但都与我所提出的三个阶段相符。

35 年股市预测——如果 37 年循环正确，市场就会在 1983 年出现高点，1988 年出现低点，1993 年出现高点，1995 年出现低点，2003 年出现高点（与 1929 年同种类型），2007 年出现低点。至此当前的 37 年循环结束，市场开始进入下一轮的 37 年循环。

为了能让你对这种惊人的股票周期模式有一个更好的理解，我在这里回顾了 1854 年至今市场上所有股票的周期行为，其中的相似性令人震惊。

我相信本章分享的内容能够让你准确预测出重要的市场高点或低点，这样你就再也不用担心被牛市或熊市所套牢了。对这些指标进行跟踪，我相信你一定能够对长期的市场做出很好的时机选择。

记忆要点

1. 密切关注卖出顶点。

第七章 你必须知道的长期市场时机选择

2. 熊市入牛市快,牛市入熊市慢。
3. 标准普尔500收益率低于2.8%时,熊市信号出现。
4. 货币供应量的顶点或底点通常早于股价到达。
5. 月空头头寸总额的年变化率是最佳的长期指标。
6. 共同基金的现金头寸能够预测出市场的基本趋势。
7. 上涨下跌线通常提前于道琼斯工业平均指数到达顶点。
8. 在市场底部时,纽约证券交易所的会员卖空率很低。
9. 在市场底部时,股票增发次数的4周移动总和通常低于5。
10. 股票市场存在着一个37年的周期循环。

第八章
如何综合运用市场时机和选股策略

第八章 如何综合运用市场时机和选股策略

如何综合利用市场时机与选股策略

我希望你已经轻松地读完了前面的章节，并且对市场有了总体的了解。对于已经进入股市一段时间的你来说，理解我对市场时机的评价和各种指标应该没有困难。对于新人来说，用心去研究股市和指标只是时间问题，是学习一些新概念的过程。

股市投资要有工具

你是否曾经想过？医生要有一定的工具来帮助他们更好地给病人治病，作家有打字机，推销员有总结陈述和诱导性问题，画家有画笔，音乐家有乐器。

那股市投资专家又有什么呢？他们也必须有工具，这些工具就是我们所使用的各种指标。最好的工具，我耗费很大成本才得到的工具就在这本书里。请记住，他们是工具，它们就像我们已经习惯使用的其他机器装置一样，需要不时地进行修理。总之，你要记住，它们是工具，如果你要进行投机，你必须要有工具。

获利的秘密

如果你想在股市中获利，你必须掌握选择最佳股票和最佳时机的诀窍。这是一个两方面的问题。你必须面对并且攻克这两个问题。几年前，有一首流行歌曲这样唱道，"没有婚姻就没有爱情，没有马车就没有骏马，没有一个就没有另一个"。要在股市中获利也是如此。如果你选择了正确的市场时机，却没有选对股票，你会发现获利的情况很少发生。如果你选择了正确的股票却没有正确定位买卖时机，想获利就更难了。

1966年，芝加哥大学做了一项调查表明这一点的重要性，调查显示，大多数股票在大部分时间都是遵循市场走势的。其他大学的研究也证明了这一点。总的来说，股票的走势会趋于股市平均的表现和模式。

关于你的情感问题

感情是一件非常有趣的东西，尤其是在股票市场中。"投机"这个词来自于拉丁语中的"specular"一词。"specular"的意思是观察。对投机来说，拉丁语的解释非常好，非常准确，但是就我所见到的全世界的投机者，他们90%的时间里是感情用事的，只有10%的时间里是观察后再采取行动的。我非常清楚，因为我就是这样做的。

在做投资决定时感情用事的原因有很多。通常最大的原因就是与金钱相关。接下来就是你的个人决定，你决定去买进或卖出一只股票，你讨厌承认这一重大决定是错误的。承认错误比金钱的损失对你的伤害更大，因此，错误就不断地增大增大再增大。

同样，当感情的因素在催促你买进或卖出股票时，你应该非常确定现在你就是要做与感情驱使方向相反的事情。股票市场创立和运行的目的是让你和你的金钱分离。市场通过一种优雅的、合理的方式来实现这一目的，它的工作原则实质上与你参与的所有活动都相反。

举个例子来说，你向空中抛出一个球，很快它就开始下落，根据你的推理，它将下落到更低的位置。它确实下降到很低的位置……但是当你还在推断球将下落到更低位置时，球却已经弹起来了。

人际关系又是如何呢？有些人告诉你他们喜欢你，他们信任你，相信你。你所做的和决定的都依据这一事实，所以关系很融洽。但是如果股票告诉你，它就像你想的一样……股价会上升。因此，你判断股价会进一步上升，但会发生什么呢？相信你已经非常清楚，股价下跌了。

因此，当你为在股市中获得的利润高兴时，此时你应该卖出股票。但股市行情特别糟糕，甚至你的经纪人都不打电话给你，尽管你在情感上已经是非常害怕了，这时你必须买入。

第八章　如何综合运用市场时机和选股策略

如何识别时机是否正确

我说这句话，你们可能觉得我是自作聪明，但是我还是真诚地希望当你们决定买进或卖出股票时，能够参考一下本书中提供的关于短期、中期或长期的前提条件，从而做出判断。当这些指标开始显示红灯或绿灯时，你们再开始采取行动。

在买进或卖出股票之前，再回顾一下我前面所讲过的内容，看一下这些标准都满足了吗？交易指数在哪里？价格和成交量信息又如何呢？检查一下你的交易工具，看一下它们有什么表现。你要寻找的信号如下所示：

短期买入信号

1. 市场显示出超卖信号。

2. 动量指标开始上升。

短期卖出信号

1. 市场显示超买信号。

2. 动量指标开始下降。

中期买入信号

1. "走势"预测市场在这一段时期将出现中期低点。

2. 交易指数达到130或以上的买入区域。

中期卖出信号

1. "走势"预测市场在这一段时期将出现中期高点。

2. 交易指数达到卖出区域，并继续下降。

3. 专业的卖空应该在牛市的高点进行。

根据我的经验，我建议当股票市场向牛市转变时行动要快，当向熊市转变时行动要慢。市场底部几乎可以在瞬间完成，而市场顶部通常需要随着派发的过程进行一两周才能完成。这一点很重要，在股市的投资过程中不容忽视。

一旦中期或短期的指标非常接近可以采取行动的区域——买进或卖出

区域，这时你就应该寻找可以买进的股票了。在第九章，我将告诉你应该跟踪什么样的股票。在这些比较稳定的股票中，你会突然发现有两三只股票有很强烈的波动，而这些股票正是我们进行买卖操作的候选股票。

通过研究这些股票的建仓/派发线，以及价格模式与股市价格走势的关系来发现这些信号。然后，通过仔细挑选势头最强和符合这些标准的股票，从中选出最佳的股票。

随后需要做的所有事情

买进股票，这就是随后要做的所有事情！这听起来容易，但要做起来真的很难。我会在本书的后面讲解如何处理遇到的各种问题。但是现在让我们专注于一个所有市场参与者在买入股票时都会犯的大错误。这就是他们买进的价位不是太高就是太低。

如何避免在过高或过低价位买入

一旦所有指标都满足买进或卖出的行为，那么接下来你应该等待一个市场表现非常强的交易日。这一天股市的走向与你预测的走向正好相反。如果你觉得股价还将下跌，那么你必须强迫自己等到当所有股票都上扬的强势上涨的一天。这一天就是你要卖出股票并卖空这只股票的时机。

如果你正在等待买入时机，并且所有指标都已经满足买入的要求，这时你需要等待的是一个剧烈的下跌的交易日，道琼斯工业平均指数会下降7~10个点的一天。这是你买进的最终信号，在整个股市下跌时买进正在建仓的股票。如果你想等市场来确认你关于股票走势的预测是否正确，那么你往往会在短期高点买进，这很可能会让你在这只股票上的投资失败，或者最好的情况就是让你有几个不眠之夜。

在股票下跌的时候买进，在股票上涨的时候卖出，这是我关于股票市场所给出的最重要的建议。如果你在上升的过程中买进，那么在80%的时间里你都是一个十足的傻瓜。我知道我也经常经不住诱导，在上升的过程中

第八章　如何综合运用市场时机和选股策略

买进，这样的行为往往导致我既损失了资金，又耗费了时间。我不喜欢这样。

我私人的核对表

在我进行任何股票交易之前，我总会慢慢地、仔细地核对一下表中的各个项目，看看是不是所有的标准都满足。如果标准不满足，那么我就会意识到我在进行高风险的交易。高风险交易经常让我损失大量资金。如果你想要最大限度地保证你的交易结果是获利的，我建议买卖那些完全符合核对表项目的股票。

实际还有这样一种倾向，当利用核对表进行几次交易以后，你可能会被这几次的成功所迷惑。你会认为股票上升是因为自己很好的观察并出色地预测了市场拐点的出现。所以，你就会忘记使用核对表，然后你会带着亏损回到你的起点。

与股市的博弈是在做一个生意，你必须使用所有的生意工具来帮助你，核对表就是其中之一。它非常简单，是对我前面所讲内容的简单重复，但是它可以帮你获利。如果你不使用这种工具，那亏损的时候可不要怪我，我可从来没想过从你那里拿走一分钱。这个核对表花费了我大量的时间和资金，并且还包括我和约翰·巴雷库恩的一些非常深入的谈话。

股市交易的主要核对表

1. 股市的变动是短期的还是长期的？这决定了要跟踪的指标。
2. 市场是否适合你采取行动？是否满足买进或卖出的标准。
3. 我是否是根据股票的建仓模式选择的股票？远离感情对自己的支配。
4. 所选股票的日建仓/派发线是否也显示出建仓的形态？如果不是就要小心了。
5. 我选择的这只股票的建仓形态和建仓/派发线是不是比我跟踪的其他股票更强？选择最好的股票。

如果这张核对表上的项目都满足，那就该联系经纪人采取行动了。除非是到了这个时候，否则远离电话，坐着别动，好好地等着。这样做会比较划算。

如何培养耐心或者我的损失就是你的收益

上周我在股市损失了3000美元，这完全是个愚蠢的错误导致的，因为我没有遵循核对表。这个错误太愚蠢了，而且不可原谅。这3000美元的损失对我的影响不大，但是，不能以静制动这个问题更让我烦恼。我变得太贪婪了，我只是想进入股市有所行动，并且确实如此。

仔细想一下这3000美元的损失。

同样的事情也会发生在你的身上，除非你已经意识到我的损失是你的收益。因为一个愚蠢的原因，我损失了很多钱。我做了一些本不该做的事情，而我却恰恰是开发出能够创造奇迹的系统的人。想一下还有什么不可能发生在你的身上吧。除非你在股市交易时非常小心，否则肯定会重蹈我的覆辙，并且可能比我要更加严重。所以，从我的教训中汲取教训吧。

这是我所能提供给你培养耐心的最好方法。如果你想过早地行动，并且试图改进已经经过验证的系统，就先从经济和心理两方面考虑一下可能遭受的损失吧。

如何避免等待时间过长

很少有人会出现等待时间过长这个问题。大部分人都是急于行动。生活如此，市场也如此。相比逻辑思维来说，我们都在情感的触发下会行动更快。

但是，如果你发现自己持续性地进入市场过晚，那么我建议你仔细审查一下自己的思考程序。在买进前等待市场反弹或在卖出前等待市场下跌——你是不是在等待市场确认呢？如果是这样，那么说明你是在利润的驱使下跟着市场在跑。不要让市场这样摆布你。使用我给你的那些原则，它们都非常好用。当这些指标发出买进或卖出的信号时，就赶紧采取行

第八章　如何综合运用市场时机和选股策略

动,不要再等到道琼斯工业平均指数上涨 10 个点证实了这些指标的正确性后才行动。

等待时间过长的另一个原因可能是你过多地听从了经纪人的建议,或是对我的方法仍有一丝犹豫。如果是这种情况,我建议你先进行纸上模拟交易,直到你看到我的这个系统能给你带来很多的利润。这样做,可以建立起你对这些方法的信心、钢铁的意志以及不败金身,这样,你就可以根据我的方法随机而动了。

你可能还想听一下我从纽约证券交易所一位专家那里学到的一课。这位绅士告诉我,作为一位投资专家,他喜欢回报那些帮助他的人。换句话说,当公众将所有股票抛售给他的时候,他总是很感激那些此时进入市场接盘的人,他们帮助稳定市场价格。他会通过促使股价迅速回到原来的价格来回馈给那些给市场以坚定支持的人。

我们不妨想一下这点。当这位专业投资者被买进或抛售的股票所淹没时,他不得不回馈那些在低价接盘和在高价出货促使股价回落的人。但是他唯一能够回报他们的就是将股价推至一个更有利的价位。

问一下自己,接下来专业投资者最有可能采取什么行动——你能帮助他吗？如果你能帮助他们,你也会得到他们的回报。

我等待的两点

在采取行动之前,我会等待很多事情。但是,最基本的两点是建仓和派发原则以及何时市场会出现超买点,然后我会等到一个股市暴跌的交易日采取行动。

这听起来非常简单,只坐在那里等待时机就行。但是市场的变幻莫测让遵循这些看似幼稚的原则非常困难。当我由于感情用事而做出错误的决定时,我就会回想一下 1962 年的那个清晨,那一天股市突破了 5 月以来持续下跌的行情。那时,我还在上大学,刚到大学生联谊会会堂吃早餐。晨报的标题非常醒目,新闻上说市场大幅下跌,投资者损失巨大。作为没有尝试、没有瓜葛、不受情感支配的大学生,我们都说,如果有钱一定买进

选股密码

股票。

后来,经过我的市场研究,我发现那一天大部分人都在抛售股票,造成股市大幅下跌并到达底部……这是一个为期四年的牛市的开始。

太令人难以置信了,但我们还只是与股市毫无瓜葛的大学生,我们就能通过纸上模拟抓住正确的买入时机。不要忘记"只见树木,不见森林"这句谚语。等到所有标准都满足后再采取行动,如果你的决定不符合核对表中项目的标准,那就等到市场情况与核对表中的项目相符合后再采取行动。

第九章　如何判断卖出时机

第九章　如何判断卖出时机

如何判断卖出时机

什么时候卖出呢？这是投机者询问的最令人困惑的问题。他们几乎很少从经纪公司那里得到卖出的建议。并且，由于人类的情感使然，我们作为个体，很少想要卖出。相反，我们倾向于乐观主义，总是想要再给股票多一点时间，让它弥补之前的损失或是再上涨几个点。

这就是为什么我认为这一章极其重要的原因。如果你真的很喜欢投机股票，那么你就必须学会在股市中定位卖出时机。

从感情的角度来说，卖出股票可能会有点痛苦。我认识的很多人，他们持有的长期股票已经下跌到令人难以置信的程度，但他们还不想卖出，我想这是因为他们不想背离自己最初的投资决定，或者说不愿意承认他们的投资决策是错误的。无论股市内外，任何引起感情伤痛的事情都是我们不愿意去做的。无论是因为做出了错误的决策，还是因为这项交易不是一桩好生意而卖出，这两种情况都让我们不舒服。

卖出警报

当我看到自己持有的股票正在经历大规模的派发，并且中期指标也显示市场此刻处于中期高点时，我总是很担心。

当这两种情况都出现时，你对于股市不必过于担心。但是，当股票开始出现明确的派发信号，专业投资者开始卖空这只股票，并且"走势"预示出了高点等这些明确的信号时，你最好用心倾听各种指标的声音，因为我们的交易工具正在拉响警报，已到该卖出的时候了。

不要担心这些工具会出错，你总有机会再次进入的。旧金山有大量的电车，每隔15分钟会有一辆车开过来，股票市场也一样。

哪天是最好的卖出日？

星期五！自从 19 世纪晚期以来，星期五就一直是最强劲的交易日。事实上，65%的时间里，星期五的股市都是上涨的。这是个非常奇特的数字，尤其当你想到下一个交易日周一，它几乎是一周所有交易日中收益最低的一天。

这是确实存在的现象……星期五大多是上涨的，而星期一大多是下跌的。如果你只关心一只股票，而又对整个市场充满疑问，那就在星期五的时候卖出吧，因为下周一这只股票走低的可能性会更大。

我使用过这种方法很多次……尤其是在卖空交易时。这种情况出现的概率太大了，我非常喜欢卖空，这种情况给很多人带来麻烦，但一点也没有影响到我。我几乎总是在周五下午的晚些时候选择卖空，因为此时股价已经反弹到一个高点，有很多股票可以供我建立空头头寸。

当然也不要忘记股市每逢节假日时一般收盘都是上涨的。大约 70%的节假日的前一天的股价都会上涨。

同样的"周五战略"在这里一样适用。这两个鲜为人知的事实对你非常有帮助。你可以从美联社 1972 年有关劳动节前一天股市出人意料的反弹这一报道中看出。股市的这一面很少有人知道，也很少有人理解。还有一些其他相似的关系，你也应该知道一下。

在阿特·梅瑞尔的《华尔街价格行为》一书中全面介绍了这些知识，这本书应该成为所有市场参与者的必读书目。

沿着同样的道路，耶鲁·赫施出版社每年都出版《股票交易者年鉴》，书中涵盖了许多重要的信息，包括市场的季节性趋势、月趋势、选举年的趋势，等等。这本书也是一本精华。你可以从出版商那里订阅该书，也可以从赫施公司订购，地址：Deer Trail, Old Tappan, NJ07675，售价 20 美元。

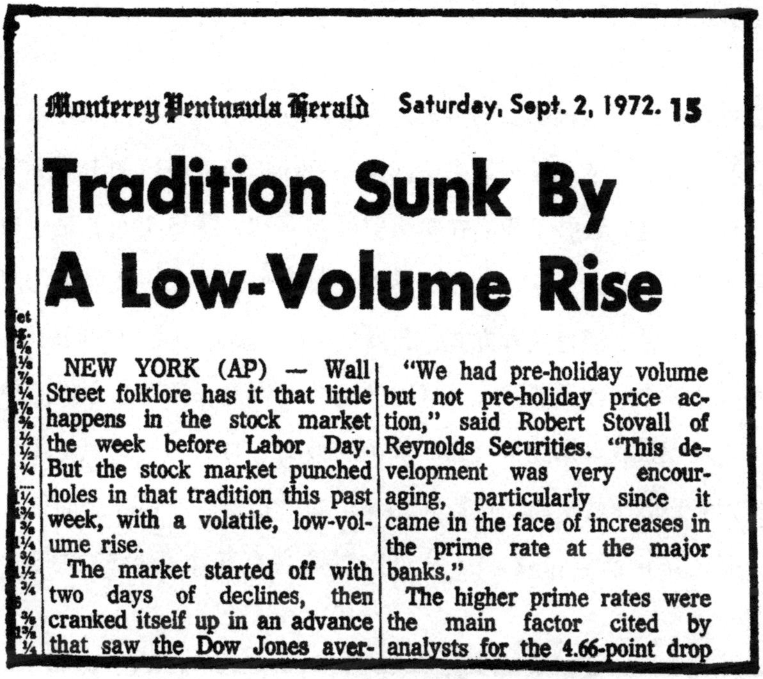

第九章 如何判断卖出时机

Monterey Peninsula Herald Saturday, Sept. 2, 1972.

Tradition Sunk By A Low-Volume Rise

NEW YORK (AP) — Wall Street folklore has it that little happens in the stock market the week before Labor Day. But the stock market punched holes in that tradition this past week, with a volatile, low-volume rise.

The market started off with two days of declines, then cranked itself up in an advance that saw the Dow Jones aver-

"We had pre-holiday volume but not pre-holiday price action," said Robert Stovall of Reynolds Securities. "This development was very encouraging, particularly since it came in the face of increases in the prime rate at the major banks."

The higher prime rates were the main factor cited by analysts for the 4.66-point drop

图47 低成交量上涨趋势打破传统惯例

聪明的投机者都会研究这些反复出现的市场现象，在市场表现强劲的交易日或交易周卖出股票。此外，他还会注意自己所持有的股票在强劲的交易日表现如何。如果它们表现良好，那就还好。如果表现不好，一定是有什么地方出了问题，那么接下来应该仔细研究建仓/派发线的数据。

仔细研究建仓/派发线可以让你提前知道股票是否遭遇卖出压力。那么接下来就是要从这只股票中脱身，等待下一次买进的机会。

你应该时刻告诉自己，那些所谓的股市专家、经纪商咨询师或相关的媒体很少会告诉你什么时候应该卖出，这一点很重要。这是因为，这不是他们生意中获利最大的方面。你必须学会什么时候卖出股票，并有坚强的意志独自完成。

如何避免卖出太晚或太早

当把我的投资建议出版的时候,我意识到让利润顺其自然地发展非常重要。我可以通过使用止损点来达到这一目的,随着股价的上涨和不断提高止损点的位置。我并不担心在卖出的时候获利,我更担心的是保持止损点在低于股价的位置,这样就能够使获利得到保护,允许我能够与股票上涨趋势保持一致。通过这种方式,我发现可以克服过早卖出的问题。

跟踪止损点的作用非常大。这种方法的缺点是一旦到达止损点便开始行动,这就意味着你永远得不到股价达到最高点时的利润。但是任何技术都很难预测到股价的最高点位置。此外,如果止损点与最高点的位置足够接近,那么在止损点位置卖出股票比在最高点卖出获得的利润少不了多少。

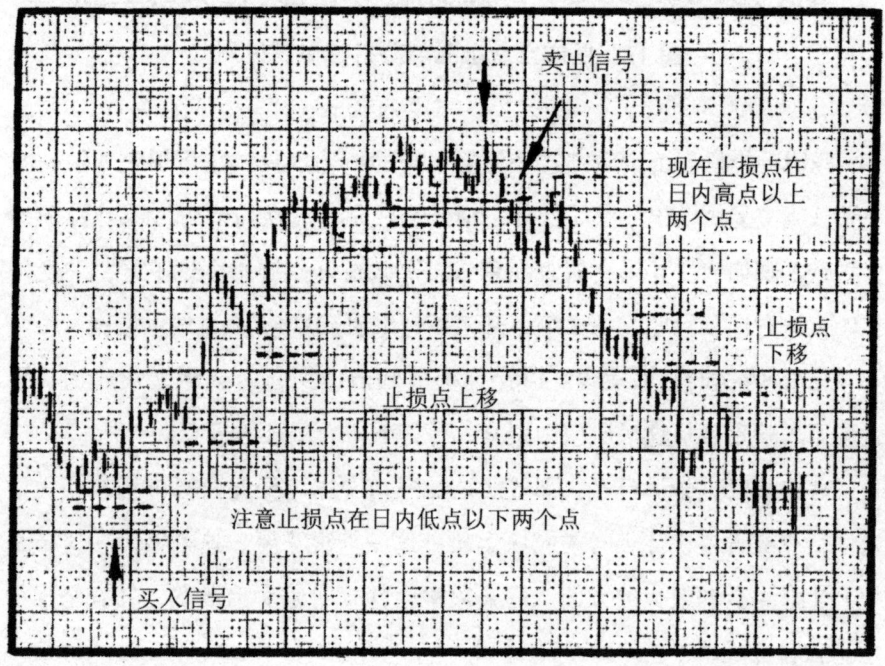

图48 止损点

第九章　如何判断卖出时机

图 48 展示了止损点的使用方法。可以看到随着股价的升高，止损点的位置也不断升高。最后，股价回落到止损点的位置，这时卖出股票就可以获得利润。虽然我们没有达到绝对的高点，但是我们成功地度过了几个大幅的波动。

我们是通过将止损点设定在股票最近的市场低点之下两个点的位置来达到这一结果的。随着新的市场低点出现，我们将止损点调整到新的位置。止损点从来不会更低，它只会保持在最近一个股票低点之下的两个点的位置。这不是一个心理上的止损点，心理上的止损点也不起作用。你必须给你的经纪人一份止损点的指令，以防止被市场出其不意地套牢。你应该清楚，这种情况在市场中很有可能发生。

每周回顾一下建仓/派发模式以及建仓/派发线也会帮助你熟练地掌握市场行情，保证自己不至于过早地买进股票，也不至于等待的时间太长。

第十章 如何开始使用我的方法

第十章 如何开始使用我的方法

如何开始使用我的方法

到现在为止，你已经学习了这一方法的基本方面，这一方法对我帮助很大。现在需要学会如何把这些零散的部分组装成一套连贯的、可以获利的投资工具。完成这些工作后，你会对我的整个方法有个全面的了解，并且可以分享更多的市场和股票秘诀了。

从做这些开始

要想在股市中成功，你必须要做的第一件事是，每天花一些时间去看和听有关的交易工具。你必须有时间跟踪一些数据，并且确定能用一两分钟时间反思这些数据。如果你只是很随意地进入市场，对股市的研究也是三天打鱼两天晒网，那么你的银行账户肯定会遭受损失。

投机是一项很困难的工作，需要奉献精神，需要大量的时间去跟踪一些至关重要的交易指标，去倾听市场的心跳。因此，你首先必须做出决定，我是指真正的决定，投机是你想做的事情。一旦你决定了，那么你总可以找出时间做一些投机需要的工作。

一旦你决定"将你的生命"献给投机，那么接下来你就需要建立起我在本书中所讨论的各种指标的体系。你需要买一个活页笔记本，按下面的格式将页面画线隔开，以便跟踪每日的股票市场数据。可以看出，所需要的信息都在一页纸上。这些数据很容易跟踪，可以帮助你做出短期和中期的决策。

开盘价 | 最高价 | 最低价 | 收盘价 | 成交量 | 净建仓/派发量 | 建仓量

你还需要构建一个更长区间的指标体系，这些收集的原始数据要建立在每周数据的基础之上。应该有一页是单独用来收集和计算走势信息的。这部分的格式如下所示：

选股密码

本周股票/债券幅度 | 5周前幅度 | 增减变化 | 累计走势

第三部分也是最后一部分用来定位市场时机工具的，包括长期市场工具。这一页应该分割成几列，具体如下所示：

（周数据）

平均价 | 涨跌股票 | 每月空头头寸 | 专业卖空 | 股票增发次数 | 共同基金活动

为了跟踪一些个股，你还需要建立一些工作表。本书前面章节中给出的工作表模式可以作为参考。每天给你的经纪人打个电话，他会给你每天个股和市场的数据。有些人对给经纪人打电话询问数据有顾虑，认为这会打断经纪人繁忙的工作。其实，经纪人通常没有那么忙，即使他们很忙，他们也不会忙到没有时间为客户提供信息的程度。你付给经纪人大量的佣金，所以不要感到胆怯，你应该利用他们的服务。从你所交的佣金来看，他们的服务是非常昂贵的。

此外，你还需要一些图表纸来绘制各种指标。我建议到当地提供蓝图或者建筑用纸的供应商那里买K&E型的绘图纸。相比我用的浅蓝色的绘图纸，这种绿色的绘图纸用起来有点困难，但这种很容易买到。如果你想使用跟我一样的绘图纸，大家可以从本书的出版商那里订购，规格是11英寸×17英寸，每100页5美元（最小订购量）。这种绘图纸非常理想，是专门为我的工作专门设计和印刷的。

你大约需要五个交易日就可以集齐所有的交易工具，接下来你就只需要将每日的数据保持更新，这件事并不困难。

到哪里获取你需要的信息

对于刚入股市的新人，我建议你们阅读一下我列在这里的其他一些非常好的股市书籍。它们是此类书籍中的精华。即使你已经混迹股市多年，如果还没有读过这些书，我建议你也读一下。它们是我成功的基石。

第十章 如何开始使用我的方法

1.《如何利用股指期货使资产每年翻两倍》作者：George Angell

2.《股市交易系统》作者：Gerald Appel，Fred Hischler

3.《赢在华尔街的大师计划》作者：Gene Brady

4.《股票趋势的技术分析》作者：Edwards，Magee

5.《股票市场的利润》作者：H. M. Gartley

6.《格兰维尔的新策略——为最大利润选择最佳当日交易时机》作者：Joseph Granville

7.《移动平衡系统——股票和期权交易的新策略》作者：Humphrey Lloyd

8.《战略投资——期权》作者：Lawrence McMillan

9.《技术分析释疑》作者：Martin Pring

10.《如何发现一年之内价值可翻番的股票》作者：Michael Scott

11.《去年我怎样在商品期货交易中赚得一百万美元》作者：Larry Williams

以上书籍均可从温莎出版社购买。

你可能还想订阅《巴伦周刊》或《华尔街日报》，其实这些都是不必要的。这些数据你都可以从你的经纪人那里得到，如果你确实需要过刊信息，经纪人或你当地的图书馆都可以提供你所需要的所有信息。

事实上，《华尔街日报》可能是你所能订阅的最糟糕的报纸。我这样认为有很多原因。第一，它的内容写得太好了，不知不觉就已经紧紧地吸引住你，你很难读一两个故事就离开，所有的内容都要花时间来读，对一个大忙人来说，花费的时间太多了。

第二，如果你订阅了《华尔街日报》，你一定会阅读最后一页的八卦栏目。这些所谓关于市场活动的学术性栏目实际上纯粹是八卦。你要小心，这些栏目不仅浪费时间，而且对于了解市场毫无帮助，其中充斥着误导人的错误观念。应该远离这些东西。

如果你接受的话，咨询服务还是非常有帮助的。作为一名前咨询服务的撰稿人，我对这一领域还是非常熟悉的。我几乎与美国所有的市场报告撰写者都有私人交流。总体来说，他们是一个非常好的团体，他们尽最大努力来帮助客户，只是有些人不具备从事咨询服务所必需的所有技能。但是，有几个报告公开地讨论他们所用的指标，这些讨论能够让你对市场、股票以及整个交易策略都有一种新的认识。这些报告都是极具教育性和信息性的。你会非常想得到这些报告，可能是因为它的教育价值而不是咨询价值。你要努力学会他们的交易技巧。有一些更好的咨询机构还与订阅者分享一些知识，如：

《商品期货交易时机选择》

《市场相对指标》

《期货预测》

《艾略特波浪理论家》

《计量分析机构》

《专业价格分析者》

《专业市场时机选择》

《系统及预测》

《茨威格预测》

谁会帮你？

在市场中有两个群体的人会帮助你，一个是经验丰富的经纪人，另一个就是提供咨询服务的咨询师。经纪人和提供咨询服务的人会为你提供更多的信息、建议，比任何人都更积极地帮助你构建指标体系。

如何更好地利用自己的经纪人

我在前面已经提到过，你要与你的经纪人建立良好的关系，确保你能够自由地使用他们提供的报价信息等。他们还可以发挥其他功能。其中之一就是提供经纪公司研究部门的研发报告，这些报告可能涉及你所跟踪的各类上市公司。

第十章　如何开始使用我的方法

我发现了一家特别好的经纪公司——高盛公司，我在那家的经纪人知道我所跟踪的股票。如果他听到或看到与我股票相关的重大新闻，他会马上与我联系，通知我关于相关股票的最新进展。

还要记住，大多数经纪公司都有自己的图书馆，里面有投资方面的书籍、《华尔街日报》，等等。你要使用这些服务，因为你每次通过代理人发出订单时都支付了佣金。

但是我也要提醒一下，在做投资决定时，不要过多地听从经纪人的建议。毕竟，你已经有了我的百万美元建仓/派发系统，相信我，无论是在上升还是下跌的市场中，使用我的方法所带来的收益肯定能够超过任何一家经纪公司的建议。

原因在于，我的方法是一种非常实际的方法，它建立在我们都能看得见和能够衡量的事实之上。另外，经纪公司的建议会出于很多种原因，最常见的原因是他们想要推销股票。

对于有些股票，经纪人会极力推销，因为如果卖出这些股票，他们就可以获得额外的佣金，这一点很多投资者可能并不知道，但这是真的。换句话说，经纪人如果能够卖出这只股票，除了正常的佣金外，他们还可以得到额外的红利。这听起来很吓人。如果有人很急切地想把手中的的股票卖出，他们就会付给经纪公司额外的费用，竭力争取把这些股票卖出去。你可能明白，这只股票几乎已经没有上升的潜力了。

在我看来，这是巨大的利益冲突。应该有一部法律强制要求经纪公司公布他们推销某只股票赚取超额佣金的事实，以及这个佣金有多少，是谁在支付这笔佣金等方面的信息。但这样的法律至今还没有，将来可能永远不会有。纽约证券交易所的那些人都是一伙的。

如何才能支付给经纪商更少的佣金

如果你不小心，佣金成本可以侵蚀你的资本。选择之前尽可能多看一看，以最低的价格获得最好的服务。

从本质上讲，经纪公司只有两种——提供综合服务的公司和提供折扣的经纪公司。提供综合服务的经纪公司有 Merrill Lynch，Prudential Bache，E. F. Hutton，Shearson，以及 Dean Witter Reynolds。

这些公司的佣金都非常高。你是在为经纪公司的建议付费。拥有了这些分析技术，你就再也不需要他们的服务了。

有两种方法可以减少佣金的花费。你可以选择有折扣的经纪公司，他们需要支付的费用很低。其中最大的一家，也是最成功、最有声誉的是施瓦布经纪公司，地址在旧金山蒙哥马利 101 号，邮编 94104。我极力推崇这家经纪公司。

另外一种选择是如果你和现在的经纪人关系非常好，还想继续使用他的服务，那你就和他谈一个更好的价钱。如果他非常看重你的生意，害怕你会转到折扣经纪公司那里，这种谈判一般都会成功。

如果你的交易很活跃，那么使用这种谈判的方法是非常明智的。你可以想象一下你到底能够省多少钱。但是去年，我的交易额就超过了 1400 万美元，平均佣金率为 2%，那么仅佣金费一项大约就是 28 万美元。就像经营其他生意一样，你必须注意费用开支。在投机交易中，交易佣金是唯一最大的费用。

跟踪什么样的股票

接下来的这部分与关于市场时机选择和建仓派发的章节一样重要。请认真对待。

根据这些年的经历，我发明了一套需遵循的选股方法。这种方法由四部分组成，可以识别出我们需要跟踪的股票类型，为我们指出正确的方向。第一种方法是从最活跃的股票中选取。第二种方法是选择那些良好的传统成长型股票。第三种方法是时刻关注特殊情况。第四种方法是关注与市场走势一致的股票。

最活跃的股票非常难以交易。由于这个原因，我并不是最活跃股票的追随者。它们完全被大众、Antsypants 软件、共同基金等所控制。然而，有一点非常重要，你不能忽视。当我们的指标显示市场进入了短期或长期

第十章 如何开始使用我的方法

的买进区域，这时检查一只交易最活跃的股票清单，看你是否能发现一些能够创出本年新高的股票，尽管市场存在崩盘的危机。

如果确实如此，你手里就有了足可以获胜的潜力股。判断的标准依然是中期或长期的股市严重超卖点，以及最活跃的股票是否达到了本年度的新高点（根据大多数周日报纸列出的本周最活跃的 20 只股票）。密切跟踪这些股票。有一些一直表现优异的股票都是通过这种简单的方式筛选出来的。

良好的长期成长型股票是我最喜欢的类型，我会跟踪观察这些股票的建仓/派发数据。选这样的股票非常容易。实际上，只要有一些有关长期股票的图表书，就可以找出这些股票。还有一些标准的成长型股票也是我喜欢跟踪的类型，并且对它们的怀疑要很长时间后才会出现。这些股票是麦当劳公司股票、宝丽来股票、伯勒斯股票、沃特·迪斯尼股票、乐柏美股票、高乐氏股票、MGIC 投资公司股票、大西洋富田公司股票、坦迪公司股票、新泰克斯股票。

如何从图表中发现长期增长型股票

这是非常简单的一件事，只要你浏览一本长期图表书，看一下上面给出的过去 10 至 15 年的股票交易活动，你就很容易找到答案。你会注意到少数的一些股票看起来就从来没有下跌过，几乎一直处于上升趋势。它们就是非常好的成长型股票。这是我所知道的定位这些股票最快的方法。就让股票价格的历史信息告诉你它是不是一只成长型股票吧。如果它是一只成长型股票，那么就值得跟踪，即使是在很高的价位买入或在它达到最终的最高点时做一次非常出色的卖空，我相信大多数交易时机是可以通过建仓/派发线得到的。

特殊情况很难定位也很难追踪。通常，如果你被别人置于一种特殊的情况之中，那你可能就进入了别人的背囊之中。尽管这种情况不是兜售方有意为之，特殊情况通常就是这种"特殊情况"。

但是像你一样，我时常会为这些特殊情形而感到高兴。我凝神静听股市的脉搏，想要知道为什么下周三股市会大涨。然后，很重要的一件事就是我计算建仓/派发线数据，看一下这种特殊的情况是真正的看涨还是真正的牛市。这条可靠的线总是能够告诉我这些信息是好是坏。

我最喜欢交易那些跟随股市走势的热门股票。这些股票非常容易识别。我把迪吉多股票、新进程股票、伊泰克股票、希尔顿酒店股票、控制数据公司股票等都归为这一类股票。

这种股票对市场的变化反应非常迅速。就像期货一样，它们的变化非常快。这里你要找的股票就是与市场同时达到高点或低点的股票。只需比较一下股票与股市的走势，看股票走势是否与股市走势同步，去除那些变动幅度比市场大的股票。如果走势一致，你就找到了一只潜力股，一只值得跟踪的股票。

选择跟踪股票的特殊秘密

本书的读者可能会对接下来的几章内容感到失望，因为我想对你们说实话，建议你们远离价位在10到30美元的低价股票。如果你坐在我的办公室里，我会请求你绝不要交易那些低价股，原因主要有以下几点。

很坦白地说，最主要的原因是我的建仓/派发线在低价股票上的效果并不像原来那么好。实际上，这也是我的一个固定原则，不跟踪任何低于每股30美元的股票。你也应该这样做。我知道这意味着你可能要错过一些优势股低价买进的机会，但这没有关系。你需要的是那些长期表现一致的股票。

相对于价位低的股票，30美元以上的股票更稳定更可靠。为什么？因为低价股对资金较少的人吸引力更大，对那些根本不知道在做什么的新手更有吸引力。他们往往会在一分钟之内从热门股转向冷门股。这就导致了股票呈现非常没有规律又反复波动的交易形态。由于这些小散户的交易大多由情感因素支配，所以股票的形态不大稳定并且难以预测。

远离那些低价股吧！

这些股票不仅被大众所操纵，而且绝大多数被操纵股票的价格都被限制在 10 到 25 美元之间。这些股票通常被庄家拉到高位后卖给散户，之后证券交易委员会将这只股票暂停交易，这时庄家已经派发，剩下散户被套牢。一旦股票的价格突破 30 美元，它就摆脱了受感情支配散户的跟踪，由专业的投资者接手，一些像我这样目标明确的人。然后，股票开始走出一种更好的交易形态，一种趋势性更强、更容易预测的形态。

何时进行第一次交易

不要做任何有关现金的决定，直到你开始绘制一只股票的建仓/派发线，并且该线已经覆盖了最近两次市场转折点。具体的时间周期不确定，但通常在你开始看出建仓/派发数据的变化之前需要绘制两个月的交易图。将个股情况与整个市场情况以及该股票较长时期的走势图进行比较非常必要，因为通过这种比较，你可以对建仓有更好的理解。

当上述工作做完后，你就可以进行交易了。你跟踪市场数据，接收到市场走势的信号后就能进行买进或卖出了。

接下来就是选择最佳股票的问题了。从个人的角度来说，我喜欢把钱投资在三只最好的股票上，即使这意味着我必须进行零股买卖。将资金分开投资非常有作用，有时候三只股票中次优或排在第三位的股票也可能火起来，成为大赢家。

所以，做出自己的选择并再次检查核对表中的项目，看一下是否所有的标准都已满足。如果没有，你为什么打算采取行动呢？你肯定没有吸取我损失的教训。

导致股市损失的五个常见原因

除了没有遵循我的核对表以外，还有五个易导致损失的常见原因。我希望读者能够意识到这些问题，以防刚刚进入股市就立刻遭致损失。当然，你也要不时地检查一下自己，看有没有犯这些错误，因为我们非常容易落入资金损失的陷阱中去。

1. **孤注一掷**——这可能是我最大的市场错误。我没有思考就把自己所有的钱全部投进了股市，之后还进行保证金交易。如果你的选择是正确的，那很好，如果出错了，那损失会非常严重。这种情况发生在我身上一次，我希望这种事情永远不要在发生在我的身上。没有必要做市场潜水员。孤注一掷只会让你更快失去资金，缩短你参与股市的时间。股票投资需要你大多数的资金，但不是全部。

2. **复杂性**——不少新股民试图参与多头套做、多头与空头组合套做、空头套做或者其他复杂的投资工具，其结果令人惊讶。他们试图在太平洋沿岸交易所和纽约股票交易所之间套利，等等。这些都是非常复杂的投资技巧，即使是华尔街的专家在用这些工具是也会经常遇到困难。我们自己应该只关心股票买卖和卖空股票。除此之外，其他的投资工具对我们太复杂了，还是不要尝试的好。

3. **过分追求精确的最高点或最低点**——我想不明白为什么人们坚持确切的最高点或最低点。但我们确实是这么做的。在我们追求这种看似不可能的结果就是困惑、迷茫，并以损失而告终。

当你以这种态度参与市场时，你会经历各种各样的沮丧心情。尽管我经常能够把握住市场走势的最低点，但却很少能够把握市场最高点。当你努力追求几乎不可能发生的事情时，你就会错过太多的机会并失去情感上的镇定。当这种情况发生的时候，你最好去冲个冷水澡，因为在这种情况下你不可能做出明智的投资决策。

4. **任由损失发展**——一旦你的交易显示出损失的迹象，它们在向你大声地发出警报，你之前的投资决定可能是错误。如果连续三天都证明先前的决策是错误的，那么你应该立刻承认这个错误并赶快出手这只股票。不要希望股价会回升。你不能够影响股票的价格，所以你必须对正在发生的事情做出反应。如果股价的走势与你的预测相反，那么就应该承认这个事实并尽快结束交易。

太多的人都期望他们的股票会回升几个点，所以他们在收支平衡点上卖出，但这种情况很少发生。我认识的一位老先生，用自己毕生的积蓄买了1000股股票，每股为65美元，但他很固执，拒绝承认自己的投资决策是错误的。在下跌到每股 62 美元的时候他就应该卖出，但是他还在继续等待股价回升至 65 美元。他一直在等，现在每股 4 美元，等着涨到 65 美元……多么悲哀的故事啊！

5. **情感**——这一点我已经强调过很多遍了，但为了保持冷静，控制情感，强调再多也不为过。疯狂的赚钱在股市里很容易——只要开市每小时就能赚成千上万……或许短短几天就能赚 5000 到 10000 美元。如果被感情支配，这种狂喜可能在你还回味着赚钱的滋味时就结束了，因为你出局太快了。

在投机这门艺术中，你是自己最大的敌人。永远不要忘了这一点。

第十一章
如何开始在股市中赚钱——明天上午

第十一章　如何开始在股市中赚钱——明天上午

如何开始在股市中赚钱——明天上午

当我开始想写这本书的时候，我联系了一个国内的出版商。他们很热情，但是想让我以某种特定的风格来写，以便我的方法看起来能够应对所有的市场问题。除此之外，他们还反复强调书的最后一章不要写总结，这对读者吸引力不大。

或许总结真的作用不大吧。这一点我不清楚，但如果不将书中的要点综合起来呈献给读者，我总感觉不对。下面就是我希望读者能够从本书中学到的一些要点：

1. 确定自己的投资目标；
2. 确定你要跟踪的市场趋势类型；
3. 选择要跟踪的股票；
4. 构建股票的建仓/派发线；
5. 确定市场时机选择工具；
6. 等待市场买进点或卖出点；
7. 当所有列出的条件都满足时再采取行动。

确定投资目标以及决定要跟踪的市场趋势都是个人的决定。关于这一点我不多说什么。这是每一个投资者根据自己的情感、时间和财力来决定的。

要跟踪的股票

最好将你的钱投资到那些波动性较大、交易更活跃的股票上去。这些股票可能在一周的时间内就会上涨10到20个点，它们通常都是高价股票，但这正是你想要的股票，千万不要再盯着低价股不放。

下面所列出的股票应该是在未来几年值得跟踪的一组股票。当然，你可能想在这组股票中添加或删去某些股票，但列出的这些股票确实是一个很好的开始。这些股票对建仓/派发线及周期循环都有良好的敏感性。

请注意，我已经给出了所有股票的循环周期。距离或时间长度表示从一个低点到下一个点所需要的时间。聪明的读者会注意到周期长度不断变化，并会根据给定的周期长度在图表上标记处下一个低点将在何时出现。不要害怕去改变周期长度。我确定在未来几年一些股票的交易模式会发生微小的变化。

股票	简称	低点间距离
博士伦	BOL	8周
伯勒斯	BGH	7周
数据控制	CDA	7周
柯蒂斯怀特	CW	10周
迪斯尼	DIS	4.5周
伊泰克	ITK	5.6周
麦当劳	MCD	14周
MGIC投资公司	MGI	12~13周
纳托莫斯	NOM	8~9周&18周
破拉瑞多	PRD	4.5周
新泰克斯	SYN	13周
温尼贝戈	WGO	6周

了解专业投资者的行为

在有了相关数据、笔记本、图表纸以及交易所需的其他工具后，就要开始利用本书前半部分所讲到的方法来发现专业建仓和派发。不要忽视股票选择中这些重要的方面。股票选择和时机选择都是获利的重要因素。将你选择的股票与股市进行仔细的对比，然后通过建仓/派发线来了解专业投资者在做什么。

他们是买家还是卖家？这是你必须要问的问题。

如果专业投资者是买方，如果你想获利一定不能跟他们背向而行，毕

第十一章　如何开始在股市中赚钱——明天上午

竟他们所掌握的资本和信息要多得多。通常，投资者都一个坚定的信念，相信他的股票会上涨或下跌，这是他们最宠爱的股票。这可以理解，但是如果你开始与建仓数据预测的股价走势向反的话，你会遇到很多很多的麻烦。

无论是整个股市还是个股，都不会跟着你的意愿走。我们不能影响股价，我们只能观察股市的行情，识别重要的买卖信号。你可以通过以下方式来了解专业投资者的行为：

1. 查看建仓或派发的价格模式；
2. 比较股价与建仓/派发线；
3. 使用周期循环对上述两点进行确定。

如何评估你的交易

为方便你选择股票，下面的这个矩阵可以帮助你选出最佳股票。每只股票对应三栏。我翻阅了我的图表簿，看看哪只个股能满足这几栏的条件。

股票	买/卖模式	建仓/派发线买卖信号	周期循环是否发出买卖信号？

用这种方法，只用10分钟你就能够浏览40~50只股票。我建议初学者只跟踪7~15只股票即可，这样花费的时间更少一点。

在检查完所列的股票后你会发现只有极少的股票才满足这三个条件。这很正常，而这几只极少数的股票就是你要进入的。最强势的股票应该能够通过这三栏的检验。

如果你有超过两只股票达到了这三条，我建议你将注意力转移到建仓/派发线，看一下哪只股票在价格和成交量方面表现最为强势，然后"认定"那一只股票。

你没有必要跟踪太多的股票。我认为交易者一个共同的错误就是他们试图跟踪的股票太多。你会发现 10 只活跃股票的机会（或麻烦）就够你应付的了。普通人没有必要跟踪太多的股票。当初我在撰写投资评论的时候我每天只跟踪 40 只股票。现在我在发表投资评论了，我却只跟踪 15 只股票，而在本书中我已经给出你列出了 12 只。

如何处理利润

乍一看到上面这个标题，可能觉得有点奇怪，我们都知道怎么处理获得的利润啊。我们真的会处理吗？

对于股市利润我有两条原则。第一，让利润在尽可能长的时间内增长，这当然不是什么重要原则，但是学会持有带来利润的股票卖掉亏损的股票却很重要。

想象一下，你现在是运动衫的零售商，你今年订购了两款不同样式的，同样挂出来售卖，突然你发现运动衫 A 很快卖光了，而运动衫 B 却无人问津。

你还会向供应商订购更多的运动衫 B 吗？肯定不会。你会订购更多的运动衫 A。

如果你认为这种类比不适用于股市，那么你最好再重新考虑一下利润和损失的概念。投机也是做生意。任何聪明的商人都会摆脱掉那些不盈利的生意而专心于他最红火的生意。股票市场也没有任何不同。

第二，从成功的商业活动中汲取经验，看看他们是怎么处理利润的。他们是把利润作为工资福利全部分配了吗？当然不是，利润要留作资本扩张或研究等。

我尽力用同样的方法来管理我的投资活动。我的利润绝大部分留在市场中，用来扩大总的投资规模。古老的格言说过，将利润再投资，然后计算一下，你会发现收益是如此可观！

举例来说，如果你在市场的初始投资是 1000 美元，第一次交易赚了 500 美元，那么你就有 1500 美元的资金。

第十一章　如何开始在股市中赚钱——明天上午

假设你的下一次投资的利润是 20%，如果你很聪明，你会将利润进行再投资，这时你就能获得 300 美元的净收入。而不懂经营的挥霍者则会将这 500 美元的利润留下，认为即使不将这 500 美元再投资在赚 500 美元也没问题。其实，在 20% 的利润率下他只能赚 200 美元。

我并不是建议你做个守财奴，把所有的市场利润都积攒起来，但是我仍建议你将大部分收益留下，尤其在你刚刚开始投资的时候，这样你才可能踏上财富之路。

我的最后一点建议

我真诚希望股票交易能够成为你获利的事业，我也坚信一旦消化了这本书的内容，你就一定能够在股票交易中获利。如果你需要时间来理解书中的内容，那就从应用这些信息开始吧，你会很快发现很多买进或卖出的机会。这样你就能够在市场反弹之前买进股票，在市场开始下跌之前卖出股票。

我建议——实际上是我强烈推荐——你跟踪中期市场趋势。中期市场趋势跟踪起来更容易，并且一年中获利机会之多，几乎可以与极度超卖情况下的名义上的风险之大相比。

我还想确定你对使用止损点来控制损失的必要性有充分的了解。如果不使用 3 点即抛原则，那你就是一个十足的傻瓜。如果你不想成为一个失败者，你就必须使用止损点。不要等到失败的时候再来责怪我、你的经纪人或股市明星，等等，真正应该责怪的人是你，因为你没有使用止损点。这里介绍的两种方法都非常有用，学会好好利用它们。

总之，时刻注意那些超强的建仓信号……它们是直接获利的信号，是预测短期走势的优秀指标，几乎能够马上给你带来利润。

我对跟踪建仓/派发数据的重要性已经强调了很多，但我还是要强调。它们是衡量股票走势强弱的有力指标，也是成功的基石。我确定你也能够像我一样，通过它们定位出未来会飞涨的股票。我希望你能够找出下一只像博士伦一样的股票，50 美元买进，150 美元卖出，190 美元卖空，60 美

选股密码

元再平仓。

或许你足够幸运,买进了几千股某只股票,由于某些消息的公布使得股价在两天内上涨5点甚至10点。这是世界上最美妙的感觉。如果你持续使用我的方法,这种幸运的事情就会在你的身上发生。

股票交易中的损失在所难免,但是只要你遵循我的3点即抛原则,你的最大损失也不会超过3点,而你的收益却是无限的。现在你知道了如何控制损失和处理利润,如何识别建仓和派发,如何预测市场走势。那么最后一步,学会如何调整和控制你的情感,这是必须靠你自己来完成的。你可以先尝试着进行相反的操作,即与别人告诉你的相反方向操作。

一旦你的感情冲突问题解决了,你就开始了我所见过的最有回报的生活方式。你就成了自己命运的主宰,你只屈服于你愿意承担的压力。你的财富也将由你投入在股市上的时间所决定。

祝你交易成功,祝你好运!

第十二章　无价的交易提示

第十二章 无价的交易提示

无价的交易提示

到目前为止，我一直试着给出一个统一的市场操作程序。现在，我想给大家分享一下我这些年来的股市交易智慧和策略。

希望本章能够增进你对市场的了解，同时改进你选股的时机和策略。

如何取得最佳投资效果

要取得最佳投资效果的秘诀在于，选择最好的经纪人和经纪公司。这意味着你的经纪公司必须拥有高效的通信系统，经纪人严格执行你的命令并进行投资操作。

要取得最佳投资效果的另外一点就是玩转"股民"，换句话说，要试着猜透其他股民。下面看一下具体如何操作。

什么时候开盘即买

很多情况下，开盘即买的投资者不具备很好的判断力。开盘价通常只是虚假的，由专业投资者随便定的一个价位。我只有两次是在开盘时买进的股票。

开盘即买的主要原因是利用一些特殊的信息或市场形式。例如，市场处于恶意抛售状态，星期一的收盘价大幅下跌。如果你认为星期二的股市会短暂下跌然后上涨，这种情况下你可以开盘即买。这种情况下，在一个期望的低价位买进股票，这时可以开盘即买。

另外一种情况是当所有指标都显示价格将会大幅上涨，并且技术分析显示整个市场处于牛市，这种情况下你可以开盘即买。

举个例子来说，当某只股票的价位在它的基本模式上已经徘徊了一两天，这时也出现了短期的买入信号。

后来的某个下午，股价出现有力的反弹，收盘价较前一天提升，给出了看涨信号。如果短期上升趋势在前几天不过是暂时的修正，现在又要开始新一轮的涨势，这时你就可以在第二天开盘时买进股票。当然，如果在前一天收盘时是更好的买进机会，但是如果你错过了这个机会，还可以在第二天开盘时弥补。

何时使用市价指令

很多作者都建议一直使用市价指令。我不这样认为。我的经验一次又一次的表明市价指令过于危险，成本过高。

当情况万分火急，你到了不得不使用市价指令时候，这说明你的情感已经完全控制了你，情感主导着你的每一步行动，而事情本不应该是这样的。

我只在卖出顶点买进股票或在买进顶点卖出股票时，才使用市价指令。

这意味着股价已经下跌了很长时间，而这时又出现了10~15点的下跌，当且仅当此时，我会考虑使用市价指令买进股票。一旦市场价格下跌的趋势发生逆转，再使用市价指令买进，价位必定较高。

在以下情况下，投资者可以发出市价指令：分笔股票数据小于等于-700，交易指数大于等于2.5，日价格不变股票小于等于180只，道琼斯工业平均指数连续两天下跌20点。

总之，只有当市场进入极度超买或超卖区域时，市价指令可以使用。

何时不能开盘即买

开盘即买非常危险，最好轻易不要这样做，尤其是当前一天道琼斯工业平均指数的涨幅是7点或7点以上时。前一天巨大的涨幅通常意味着股价将会短期回落，开盘价将会接近今日的最高点。

每当道琼斯工业平均指数的涨幅超过7点时，如果你想发出开盘买入委托指令时，你最好冷静地思考一下。这种指令极具风险性。

第十二章　无价的交易提示

如何使用止损点以及何时使用止损点

在我看来，无论是短期、中期还是长期交易，任何一个交易投资者都应该使用止损点。这一点再怎么强调也不为过。我只希望我是一位有说服力的作者，能够让你永远记住这些话，任何股票交易中都要使用止损点。

有两种方法来计算止损点。第一种是我的"个人发明"，第二种是江恩 1920 年的研究成果。

江恩先生的方法最简单，因此非常适合初学者，即在卖出交易中设定高于 3 点的止损点，在买进交易中设定低于 3 点的止损点。该方法的内容就是这些。无论该股票的卖出价为 15 美元还是 150 美元，止损点都应该是最初买入价格的 3 点以下。我对此方法做的唯一改动即是，当股票卖价高于 90 美元时，我建议将止损点定在最初买入价格的 5%以下。

不要觉得这种方法过于简单。事实上，简单正是它的最大优点。你可以很清楚地知道何时使用止损点。

这是一个自动的过程，如果你进行交易，你就必须设定止损点。因此，我称这种方法为 3 点即抛系统。它能够使你免遭重大损失，并且很少会被专业投资者所"击中"。

如果你使用一种更为复杂的止损点方法，我建议你使用我的这种方法。这种方法建立在玩转股民的基础上。通过分析股价走势图，然后确定其他买进或卖空交易者何时最可能使用止损点。

然后在他们之前使用止损点。

我的方法是基于以下几点考虑：如果专业投资者想要捕获止损点，他们最希望的是进入而非超越大部分的止损点。另外，如果我止损离场，我想确定其他人也同样止损离场了。这种止损点能给我一种心理上的优势，当我止损离场时想到其他人在我之前已经止损离场，我会稍微感觉心里好受一点。

选股密码

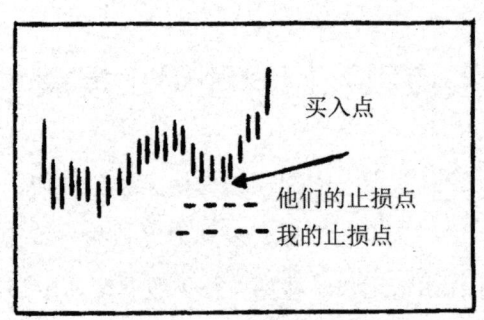

图 49　我的止损点

在超短期交易中同样需要考虑设立时间止损点。所有其他确定止损点的方法都是以价格为基础的，即当股价必须变动多少、上涨或下跌多少点，或者趋势线、平均指数的距离，等等，才产生止损点。

这种方法很好，但是我的研究发现，我们可以用时间来设定止损点。但这必须跟踪你的股票，并按下述方法来做。比如说，你买了一只股票，其他股价在10天内从40美元上涨至50美元，如果这只股票在4个交易日内股价没有任何变动，这时我们就建议你轧平头寸。

换句话说，如果某只股票的表现并不像我们的指标显示的那样，那么这只股票一定是出了什么问题，我们要在股价尚好的情况下赶紧卖出。如果某只股票在4天之内毫无动静，那么它突然暴涨的可能性就非常小了。需要注意的是，这种时间止损法只适用于通过我的百万美元建仓派发公式选择出来的股票。这是因为这种方法给出的信号标志市场会迅速产生反应。如果市场没有迅速产生反应，那我们最好还是卖出这只股票。

关于心理止损点

经常有人问我，我们到底应该使用心理止损点还是实际止损点，我的答案是实际止损点。心理止损点并不准确，利用率很低，并且会给投资者带来太大的精神压力。在向你的经纪人发出买进或卖出的指令的同时，你还应该给他一个实际的止损点，而他要根据该止损点进行操作。

第十二章 无价的交易提示

尽管我认识成百上千的专业投资者，但没有见过任何一个人的心理稳定程度足以使用心理止损点。心理止损点几乎没有人使用。

如何预测市场日常走势

如果了解股市日常活动的模式，预测市场日常走势就是所有预测中最简单的了。股市日常活动模式即每个交易日都表现出三轮波浪。

在上升的交易日里，股市由上升波浪、下降波浪以及反弹上升波浪组成。下降交易日则相反，由下降波浪、反弹波浪以及最终的下降波浪组成。根据我的估计，大约85%的日常交易活动都是这种三轮波浪模式。

因此，如果你猜测明天是个上升趋势的交易日，那么你就有85%的几率猜中它的走势情况，即开盘上涨2到3个小时，然后出现两小时左右的下降，最后收盘时股价再次上升。如果是明天是个下降趋势的交易日，则股价走势正好相反。

如果道琼斯工业平均指数今天下跌，那么明天不大可能是一个上升的交易日。但是如果今天上涨的股票数量大于下跌股票数量，并且道琼斯工业平均指数公用事业平均指数上涨，那么你就可以预测明天是上升的交易日。

如果今天整个股市是下跌的，而10只最活跃的股票中有6只以上是上涨的，那么我们依然可以预测出明天是上升的交易日。

或许，预测第二天市场走势最重要的就是观察今天收盘前45分钟的交易情况。如果收盘时走势强劲，这种反弹的力度有望继续或"溢出"直到下一个交易日，即使中间隔着周末。

相反，如果今日股市弱势收盘，尤其是在强势交易季节之后的弱势收盘，你基本可以确定第二天的市场仍会保持这种弱势。如果你打算进行短线操作，那么跟踪收盘前一小时股价的走势是必需的。

其他有关预测下一个交易日走势的建议可参考阴阳周期循环。股价是否已经达到超买点？如果是，那么股价反弹的几率就会增大。当我们的指标显示股价已经达到超买点时，出现下跌的几率就会增大。

你还应该注意一下股市上涨或下降持续了多少天，一旦股市上涨或下跌达到 10 天或 10 天以上，并且一直上涨或下跌，那么接下来很可能就要出现逆转的趋势了。

如何利用三小时周期循环

我注意到很多交易者、投资者，包括我自己，很多次都在短期高价位上建仓，这是因为我们都成了错误三小时周期循环的牺牲品。

这种周期循环非常特别，因为它似乎能够强迫我们不约而同地在错误的时间做出错误的投资决策。

通常是这样发生的：我们已经定位一只正在强势建仓的股票，并且认为买进的时机已经到了。我们下一步的行动就是买进该股票。

作为聪明的投资者，我们等待一个大幅下跌的交易日，这时陷阱即将形成。但是，在我们发出真正的买进指令之前，我们忽然觉得有些害怕并决定等一下，直到更强势的买进力量证明我们预测的上升趋势是准确的。

所以，我们继续等着。直到确定股价开始反弹。

然后意识到我们的预测是正确的，于是我们发出限价指令。股价继续上升，同样我们的指令价格也随之上涨。不幸的是，我们的买进指令仍然没有成交。

这种价格走势持续了三个小时，这时我们应经迫不及待，我们发出买进指令，在当天最高价成交，而此时三个小时的周期循环结束，新一轮的下降趋势开始。

我多次见到过这种情况，有趣的是，心理学家在人类行为上也发现了相似的模式。

在西北大学做的一项测试中，一群大学生来听一个与他们观点截然相反的演讲。一个小时后，学生们的观点几乎没有任何改变，第二个小时后依然没有什么改变，在第三个小时后，学生们的观点发生了较大的改变。

类似的试验表明，在经历了极度无聊的三个小时后人们开始变得焦躁不安。实际上，这种厌倦的情绪是一种钟形的曲线。在外界刺激的情况

第十二章　无价的交易提示

下，第一个小时产生轻微的厌倦，第二个小时厌倦情绪加重，第三个小时厌倦情绪达到顶点，产生极度不安，然后这种情绪消失。

这些实验简单证实了我们每天在股市中所看到的现象。短期的市场走势虽然只有三个小时，但是足以让我采取行动。当然，这通常是错误的时间采取的行动。

只有那些经验丰富的交易者或深知这种模式危险性的人才能抵制住这三个小时的情感冲动。

请牢记，三小时循环模式既适用于上涨的趋势，也同样适用于下跌的趋势。事实上，各种市场走势都有其两面性。

在下跌的走势中，当你想要卖出某只股票却恰逢三小时循环，那就跟踪股票的下跌趋势，专业投资者正是在短期反弹开始时接手你的股票的，那么你也在短暂反弹时卖出股票。

下一次买进或卖出股票前，看一下过去三小时股价走势是否与你预测相同。如果相同的话，那就等等再买进或卖出，除非你喜欢高价买进低价卖出。

裸K交易法（Price Action）
基于K线逐根分析的价格行为交易法

裸K / WHAT 什么是裸K交易法

○ 裸K，亦即price action。它简单有效，不受任何技术指标所限！不被各类主力释放的假消息所影响！不被任何资金的虚假成交量所左右！适用于任何交易周期，任何品种。是目前全球技术分析交易者普遍采用的交易手法。

裸K / HOW 怎么学

○ 不拘泥于传统技术分析方法。不再沉迷于各种技术指标、L2数据、数不清的波浪和各类专家股评。回归价格本源，通过对价格行为的观察与分析，从中洞察到市场规律，窥见市场做市商的蛛丝马迹，跟随之，盈利之！

裸K / 学习方式

○ 入门书籍零基础引导
○ 大咖答疑
○ 训练营辅导
○ 科学的科目训练内容
○ 海量公众号技术文章
○ 最新交易解说视频
○ 单项技术要点详细解说
○ 综合技术实战应用

裸K / 全市场适用！！！

○ 裸K交易法目前在国际上通用于各种交易种类，股票、期货、外汇及虚拟货币的交易者都在使用这种方法。
交易的本质是利用价格波动获利，造成价格波动的根源在于人！因为人的交易行为导致了价格的波动，而通过人的某些共性，使得在看似无序的金融市场里有了某些共通之处，这是裸K交易法的理论根据。通过持续地对价格行为（K线）的观察与分析，我们就能洞察到一些规律，从这些规律中进一步发掘出市场主体（主力，机构，基金等）的交易行为，跟随主体，我们就能盈利。

裸K / 全市周期适用！！！

○ 技术分析的本源就是K线！任何指标都是K线的各种表现形式和反馈。裸K交易法回归交易本质，去伪存真。无论您的交易周期是分钟、小时还是日，都可以用统一的分析方式来助力您的交易！您可以从基础的PA信号学起。通过对市场价格行为的结构理解，熟悉大众交易者的普遍手法和交易心理，深刻学习主力资金和大机构如何钓鱼、如何割韭菜的手法！从而洞见交易全过程，精准把握最佳临界点！

微信扫码联系舵手君
了解详情

价格行为交易系统（PA，裸K）三部曲

○ 阿尔·布鲁克斯是华尔街技术分析大师，在价格行为（PRICE ACTION，简称 PA，又称裸K）分析领域做出了很多开创性贡献，被尊为"鼻祖"，在全球股票、期货、外汇交易领域都拥有极大的影响力。

○ 在数十年的交易实践和研究中，阿尔出版了三部著作：

微信扫码
了解详情

○《高级趋势技术分析》的最大价值在于它阐明了如何理解价格行为，以及逐根K线分析走势图的意义，如何追踪由主力机构所推动的形态，通过小止损、早入场的策略，让主力机构为散户"抬轿"并最终获利。
该书精髓包括：如何交易趋势、交易区间、突破和反转；讲述了可用于识别趋势和交易区间的趋势线和趋势通道线这两个基本工具；每一种类型K线的重要性，以及交易者下单时应该了解的一些数学原理。

○《高级波段技术分析》讲述如何对价格行为进行技术分析以识别交易区间，并从中获利。
该书精髓包括：交易区间向趋势的过渡，理解缺口，理解支撑和阻力，理解市场突破，趋势向交易区间的过渡，交易区间的常见特点和交易案例，订单和交易管理技术，精准入场和离场。

○《高级反转技术分析》详细讨论每种反转类型的特点，便于读者在日常交易中灵活运用。虽然价格行为分析在各种周期中都有效，但对于日内和日间、周线和月线还是有不同的运用方法。
该书精髓包括：如何处理市场波动和剧烈反转；如何运用期权去交易特定的形态；如何处理交易中的各种情绪。

威廉·江恩经典名著套装

◎ 威廉·江恩，充满神奇色彩的技术分析大师、投资家、哲学家，与杰西·利弗莫尔、理查德·威科夫并称为20世纪前半叶"华尔街三巨头"。在纵横华尔街的53年交易生涯中，江恩在股票和期货市场的胜率无人能及，获取了巨额财富。

◎ 江恩所使用的分析技术和方法极其神秘，是以古老数学、几何学和星象学为基础，其预测具有超高的准确性，因此江恩理论在过去100年里倍受全球交易者追捧。

微信扫码
了解详情

◎ 《江恩商品期货教程》+《江恩股票市场教程》本套装囊括江恩理论绝大部分重要内容，包括江恩投资法则、3日转向图、几何角度线、时间与价格成正方、江恩九方图、江恩六边形、江恩圆周图、螺旋图表、行星经度与价格变化等，是有史以来公认的权威技术分析经典之一。

本套装附赠江恩技术讲解视频。

◎ 《江恩教程图表册》后来者对江恩商品期货和股票市场教程的学习都是基于一系列丰富的具有极高价值的江恩图表。如果离开了对应的图表，很难准确理解原文。这些图表都是江恩大师留下的珍贵手稿，我们只能选取少部分可以缩小的图表加在书中，而大量的手绘图、彩图、全幅大图和超大尺寸高清图，没有办法全部装订在教程中，因此我们将它们单独印制，封装在特别设计的精美包装盒中，并附上相应的中文说明。

◎ 《江恩技术研究（江恩手稿精解）》是比利·琼斯在购买了江恩遗留下来的大量原始手稿资料版权之后，十年潜心研究江恩技术的成果，挖掘出很多江恩本人用过但尚未公开的技术方法，被誉为"隐秘的财富之书"，能帮助江恩爱好者解决学习和实战应用中的疑惑。

◎ 《江恩技术手稿解密：晋源解读版》该书对江恩各个时期的原著手稿进行了梳理，从一线实战交易者的视角出发，将江恩原著中那些跳跃度极大的知识点条理化，将图表讲透，方便交易者学习使用。

◎ 该书作者晋源先生将通过视频讲解+江恩天书智能版软件+社群陪跑等"三合一"的方式，为渴望成功又能潜心研究的江恩理论爱好者提供周到的支持，帮助大家突破江恩研究的瓶颈，能够在交易市场的激流中开始冲浪。